KB052305

대한민국 10대, 노는것을 허하노라

1판 1쇄 발행 2010년 7월 5일 | **1판 6쇄 발행** 2014년 6월 3일

지은이 김종휘
펴낸이 조재은 | **펴낸곳** (주)양철북출판사 | **등록** 제25100-2002-380호(2001년 11월 21일)
편집 김인정 임중혁 김성은 | **디자인** 나지은 | **마케팅** 조희정 | **관리** 정영주
주소 서울시 마포구 양화로8길 17-9 | **전화** 02)335-6407 | **팩스** 02)335-6408
ISBN 978-89-6372-026-5 03300 | **값** 11,000원

카페 http://cafe.daum.net/tindrum 블로그 http://blog.naver.com/tin_drum

대한민국 10대, 노는 것을 허하노라

십대들의 창조적인 인생 밑천 만들기 프로젝트

김종휘 지음

양철북

들어가며 너 놀아봤어? ＊ 006

1부 정체성 찾기

넌 누구냐? ＊ 017

아이도 어른도 아닌 ＊ 027

일하며 놀고 배우는 ＊ 036

새로운 시대의 몸 ＊ 048

나는야 프랑켄슈타인 ＊ 059

학생이냐 소비자냐 ＊ 071

핫, 쿨, 웜 세대 ＊ 081

스펙하고 맥잡고 ＊ 091

난 찌질이야 ＊ 103

멋대로 해보라니 ＊ 113

2부 밑천 만들기

형광등 갈아봤어? * 127

가짜 말고 진짜 * 138

몸들끼리 눈물을 * 148

만나면 한다 * 159

노인 사귀기 * 169

스티브 잡스와 마더 테레사 * 182

서로 다른 세 명 * 194

우리에게 생애 첫 자금을 달라 * 205

먹고 살고 사랑하고 * 217

너를 키운다 * 227

나오면서 나 삽질한다 * 237

너 놀아봤어?

2009년 초여름 어느 날 나는 '창의성, 위기의 삶을 만나다' 라는 주제의 국제 심포지엄 자리에 있었다. 서울시가 주최하고 하자센터에서 주관한 행사였다. 발표자 가운데 한 사람이 세태를 풍자하는 이야기를 한 토막 소개했다. 요즘 십대를 둘러싼 교육 시장은 할아버지의 재력에 어머니의 정보력과 아이의 신체력까지 갖춰야 경쟁에서 탈락하지 않고 버틸 수 있는 판이 되었다고. 종종 들어본 세간의 속설인지라 청중은 고개를 끄덕끄덕했다. 그러자 사회자가 한 마디 보탰다. 그것만이 아니고 거기에 아버지의 무관심과 유모의 사랑을 더해야 한다고 말이다. 청중은 잠시 웃었고 이어 침묵에 빠졌다.

1. 할아버지의 재력 2. 어머니의 정보력 3. 아버지의 무관심 4. 유

모의 사랑 5. 아이의 신체력. 이렇게 5종 풀세트를 갖춰야 진입이 가능해진 교육 시장은 새천년이라 불렀던 2000년대의 근 십 년 사이에 우리 사회가 얼마나 노골적인 약육강식의 격투장으로 탈바꿈했는지를 잘 보여준다. 돈 만능, 시장 만능, 경쟁 만능의 우상이 우리를 지배하기 시작하면서 우정과 호혜와 같은 사회적 지혜는 마음 바깥으로 추방당한 것이다. 그래서 지금 우리 모두는 무한경쟁과 승자독식의 좀비로 변신해서 영혼 없는 육체만 가지고 아귀다툼을 하며 거리를 활보하는 중인지 모르겠다.

나는 무뎌진 감각 너머에 가라앉아 있던 십 년 전 기억들을 떠올려보았다. 당시 나는 '네 멋대로 해라'는 슬로건이 풍미했던 1990년대 문화적 몽상 속에서 살았다. 그 시절의 허영과 객기를 먹고 자란 나 같은 사람에게는 근 십 년 만에 돌변한 지금 이곳의 살풍경이 비단 십대에 국한된 문제가 아니라 나와 이웃 모두를 덮친 위기로 다가온다. 청소년과 청년, 부모 세대와 노년층, 그리고 이국에서 온 유모들에게 닥쳐온 삶의 위기. 만약 유모가 아시아 저개발 국가에서 온 이주노동자라면 위기는 세계 각지의 또 다른 삶들과 촘촘히 연결되어 증폭되고 있는 셈이다.

도대체 어찌 된 영문이란 말인가. 1990년대에 동료처럼 지냈던 총명하고 반항적인 십대는 어느덧 이십대 중후반이 되어 서로를 찌질이라 부르면서 청년 실업의 늪에 빠져 절박한 생존 게임을 벌이고 있다. 요즘에 만난 십대는 과거의 십대와는 다른 유전자를 갖고 태어난 초식동물처럼 어른들에게 고분고분한 자세로 세상을 멀뚱멀뚱 쳐다보고 있다. 나는 십대를 보며 이들이 과연 내가 겪어보았던 과거의 십대와 어떻게 다른지, 나 같은 아저씨를 보면 어떤 생각을 하는지 궁금했다. 한편으로 이십대가 된 청년들의 앞날은 또 어떻게 될지 꼬리에 꼬리를 물고 물음이 떠올랐다.

그러다가 엉뚱하게 '불효자는 웁니다' 라는 노래가 생각났다. 영화, 드라마, 신파극, 연극의 소재로 두루 소개되었을 만큼 유명했던 이 노래. 지금의 부모 세대는 이 감정을 잘 알고 있을 것이다. 이 노래를 지금의 청년들은 완전히 다른 버전으로 읊조리고 있다. 이름 붙이자면 '불효자는 놉니다' 쯤 될까. 건국 이래 가장 높은 학력을 가졌지만 건국 이래 가장 일상화된 불안에 사로잡혀 건국 이래 가장 많이 놀고 있는 청년 세대. 경쟁과 구직, 경쟁과 비정규직, 경쟁과 불안정 노동, 경쟁과 구직 포기, 경쟁과 대학 6학년, 경쟁과 100통의 이력서, 경쟁과 자신도 믿지 않는 소설 같은 자기소개서. 이것이 인생이 되어있다. 아니, 이것을 인생이라고 말해도 되는 것일까. 청년들이 이런 막장 상태에 내몰리기까지 우리 사회와 어른들은 대체 무엇을 했던 것일까. 청년들의 외로움과 낮은 자존감과 외톨이 신세가 단지 취직하고 정규직이 되면 저절로 풀리는 것일까. 가족의 칭찬과 친구들의 부러움을 사며 대기업이나 글로벌 기업에 취직한 청년들이라고 행

8

복한 것일까. 이들도 대리를 달 즈음에는 죽도록 일만 하는 일상에 지쳐 숨을 못 쉴 것 같은 갑갑증을 하소연한다. 시속 200킬로미터로 돌아가는 회사의 회전목마에서 뛰어내릴 생각을 하는 이들에게 조직 생활 십 년차에 과장을 다는 것이 인생의 목표라고 말해줘도 될까.

미국에서 촉발되어 세계 각지를 돌아다니며 터지고 있는 금융자본주의의 위기와 쇠퇴는 아주 다른 말을 하고 있다. 오로지 경쟁과 화폐가치만 중시하는 시장 논리에 붙들려 공부하고 구직하고 취직해서 살아가는 생활양식이 과연 사람살이에 맞는지 질문을 던지고 있다. 우리는 이 질문을 자신과 이웃에게 던지고 다양한 각도에서 생각해보고 여러 부류의 사람과 사귀어보면서 후회하지 않을 인생의 진정한 욕구를 찾아야 한다. 그렇지 않으면 지금의 청년 세대는 모두 좀비가 될 수밖에 없다. 좀비가 되고 싶지 않으면 자신을 대하는 태도와 일상의 감각을 바꿔야 한다. 경주마처럼 앞만 바라보지 말고 옆의 동료를 봐야 하고 등 뒤에 누가 있는지도 돌아봐야 한다. 그러면 역설적이게도 지금이야말로 청년들이 서로 손을 잡고 제대로 한판 놀아봄으로써 인생을 새롭게 상상할 수 있는 절호의 기회라는 것을 알게 될 것이다.

인생을 새롭게 상상할 수 있으려면 놀아보는 것이 가장 좋다. 그러면 청년실업 문제나 청소년 문제도 실마리가 풀리기 시작할 것이다. 문제는 어떻게 놀아야 하는가이다. 제대로 잘 논다는 것은 어디에서 누구와 놀아야 할지를 아는 것이다. 혼자 시체놀이 하면서 면식수행(낮에 자고 밤에 활동하며, 라면을 세 끼 주식으로 해결한다는 뜻의 이 코믹한 사자성어는 인터넷 폐인들이 하는 득도의 한 방법이다 — 2006년 9월 15일자 〈동아일보〉)하는 것과는 다르다. 집과 학교와 시장을 지배하는 무한경쟁의 공기와는 또 다른 대기를 호흡하면서 사회 곳곳의 작은 모임과 공동체에 가서 놀아보아야 한다. 그런 곳에 가봐야 가족형 관계나 학교형 관계나 회사형 관계로만 스쳐 지나갔던 너를 전혀 다른 모습으로 만날 수 있다. 너하고 내가 당장 서로를 이롭게 할 수 있는 것들이 얼마나 많으며 좋은지를 맛볼 수 있다. 이것이 이 시대의 놀이이자 노래이다. 십대가 가기 전에, 이십대가 가기 전에 그런 만남에 시간과 열정을 쏟으면서 놀아봐야 두고두고 잘 살 수 있다.

나는 이 책에서 어떻게 놀면 좋은지에 대해서 이야기하고 싶었다. 책에 담은 키워드들을 나열해보면 이렇다. '어정쩡하지 않고 확실하게 놀기', '작은 모임과 작은 공동체 찾아가기', '집 나가서 개고생하기', '도와달라고 말할 줄 알기', '찌질이에서 씩씩이로 몸 바꾸기', '나보다 경험 많은 사람과 연대하기', '서로 다른 세 명이 팀 만들기', '먹고 살고 사랑하기', '나보다 먼저 너를 키우기' 등이다.

잘 노는 것이 지금 같은 저성장 고실업 위험 사회에서 살아가는 십대와 이십대에게는 창의적인 인생 밑천이다. 예전 같으면

"놀지 말고 공부해라, 놀지 말고 뭐라도 해라"는 어른들 말대로 하면 어느 정도 그만그만하게 성공했다. 같은 것을 대량생산하고 대량소비하는 사회였기에 벼락치기로 시험 준비라도 잘 하면 대부분 취직해서 비슷비슷하게 살 수 있었다. 그렇게 다수가 규격품 인생을 살았다. 그러나 지금은 경제가 성장해도 일자리는 늘지 않고 오히려 줄어들고 있다. 부모가 부러워했던 일자리들은 자녀가 일할 시기에는 업무 자동화나 노동력의 해외 이전으로 아예 사라지기도 한다. 같은 직종이라도 일하는 방식 역시 매우 빠르게 바뀌고 있다. 이런 사회에서 규격품 인생을 추구하는 것은 한 마디로 무의미하다. 이제는 저마다 맞춤형 인생을 시도하는 것이 행복의 기준이 되고 있다.

사회적 기업가로서 노벨평화상을 받은 무하마드 유누스(방글라데시아의 가난한 사람들에게 '마이크로 크레딧(서민 금융지원을 위한 소액 대출)'이라는 창의적인 사업으로 희망을 주고 세계를 감동시킨 사회적 기업 그라민은행Grameen Bank의 설립자이자 총재)는 청년들에게 이렇게 말한다. 이미 세상에 있는 직장을 구하러 다니지 말고 스스로 직업을 창조하라고. 또한 세계의 수많은 연구자들이 교육과 고용에 대한 발상의 전환을 촉구하면서 십 년 뒤에 청소년들이 하게 될 일의 상당수는 현재로선 상상도 못할 새로운 직업일 것이라고 말한다. '내가 직접 나의 직업을 창조한다'는 말이 실감나지 않는가. 이 책에 등장하는 창의적 경험이라는 인생 밑천을 맛본 사람들은 뚜렷한 이미지로 느낀다.

창의적 경험이 어떻게 해야 만들어지는지 책에서 소개한 내용을 키워드들로 설명하면 이렇다. 십대 때부터 '자발적 성장'을 체험하기, 더 큰 세계에서 '실전에 의한 학습'을 하며 '가짜 동기와 진짜 동기'를 구별해보기, '몸들끼리 부대끼면서 고생하며 울어보기', '다양한 경험을 하나로 통합해보기' 등이다.

창의적 경험을 해 본 청년들은 목표를 달성했기 때문에 걱정이 없어서 웃는 것이 아니다. 거기에 이르기까지 실패하고 깨지는 과정에서 웃음이 나는 것이다. 몸은 고단해도 이상하게 얼굴은 가볍고 밝게 빛나는 것이다. 누가 그런 웃음을 달고 살까. 실수와 실패를 거듭하는데도 하는 일이 놀이처럼 즐거운 사람에게서 나온다. 잡념과 군더더기가 없는 자발적 몰입. 이를 고용이라는 말에 빗대면 완벽한 자기고용의 상태다. 자신이 좋아하는 것을 즐겁게 하는 방식을 알아서 무엇을 하든 그런 마음과 태도를 적용하는 과정에서 발휘되는 심신의 고양 상태이자 균형 잡힌 감각이다. 이런 고양감과 높은 차원의 균형감은 십대 때에 자주 놀면서 맛보아야 한다.

세계는 이미 '불효자는 놉니다'는 철지난 푸념이 아니라 '효자는 놀았습니다'라고 말하며 웃는 새로운 시공간에 진입해 있다. 지금은 놀면서 우리의 몸과 마음을 바꿔야 살 수 있는 시대다. 가급적 일찍부터 놀면서 살기를 바란다. 그 경험 속에서 막장 경쟁이 아닌 상호 돌봄의 창의성을 만나보길 바란다. 그 세계에서 인생의 가치와 목적을 만나고 삶의 스승을 만나고 마음 통하며 기댈 수 있는 동료를 만나보길 바란다.

놀 줄 알려면 놀아버릇 해야 된다. 또 놀아봐야 웃을 줄 알게 된다. 그래야 잘 살 수 있다. 이 세 문장을 한 마디로 압축하면 '놀아야 산다' 쯤 될 것 같다. 살기 위해서 논다는 것이고 살다보니 웃는다는 것인데 여기에 어떤 정답이 있기를 바라지 말자. 시험지에는 정답이 있을지 몰라도 인생에는 정답이 없다. 노는 데에서는 더욱 없다. 문제도 자신이 출제하는 것이고 규칙도 함정도 자신이 만드는 것이다. 이 과정에서 웃을 것인지 찡그릴 것인지 내가 정하면 된다. 자, 지금부터 어떻게 놀아볼지 이야기를 나눠보자. ***

1부

정체성 찾기

넌 누구냐?

아이도 어른도 아닌

일하며 놀고 배우는

새로운 시대의 몸

나는야 프랑켄슈타인

학생이냐 소비자냐

핫, 쿨, 웝 세대

스펙하고 맥잡하고

난 찌질이야

멋대로 해보라니

넌
누구냐?

사람은 모두 제각각이다. 혈액형, 사상체질, 애니어그램, MBTI 등에서 분류하는 사람의 유형만 해도 4가지에서 16가지가 있다. 지문만큼이나 다른 것이 사람이지만 평소에 우리는 서로를 그렇게 세심하게 만나지 못한다. 그러다보니 극단에 치우치거나 경계를 넘나드는 변화무쌍한 사람은 금방 구별하는 반면, 남들과 그럭저럭 섞여 지내며 티 안 내는 사람은 한 덩어리로 취급하고 만다. 그리고는 편의상 보통, 중간, 다수라는 범주로 묶어버린다.

우리가 생각하는 보통, 중간, 다수의 십대도 그렇게 취급되어왔다. 나도 이들 십대는 월화수목금금금 학교와 학원을 오가며, 시험이 끝난 날엔 피시방이나 노래방에서 엇비슷하게 시간을 죽이는 존재로만 생각했다. 2008년 5월 어느 날까지 말이다.

2008년 5월 2일, 십대들이 청계천 소라광장에 쏟아져 나왔다. 삼삼오오 모여 촛불을 들고는 자기들끼리 집회를 열고 놀이를 하고 시위를 벌였다. 그러자 언론과 어른들은 이들 십대가 왜 촛불을 들고 떼 지어 거리에 나왔는지에 대해 이야기를 쏟아내기 시작했다.

촛불의 배후를 밝혀라

평범한 십대가 든 촛불은 여러 연령과 계층과 도시와 해외로 확산되어 초여름까지 이어졌다. 그 후 열기는 수그러들었지만 '방학 때 보자'는 피켓을 든 어느 여고생의 센스처럼 촛불은 꺼진 게 아니었다. 계기가 마련되면 언제든지 다시 등장할 수 있으리란 예고를 낳았다. 촛불은 십대들의 자발적인 사회적 행동이 얼마든지 가능하다는 사실과 한번 촉발되면 강렬한 에너지를 분출한다는 사실을 각인시켰다.

나는 십대의 촛불을 집회, 시위, 문화제 등의 표현만으로는 온전히 설명할 수 없다고 생각한다. 그것은 새로운 네트워크 생명체로서 진화를 거듭하는 십대들의 자발적 에너지의 한 표층으로 보아야 옳지 싶다. 십대 스스로 공공연하게 확인한 집단적 자발성의 힘이자 사회적 발언의 유쾌한 체험이며, 동시에 어른들의 응원과 축복이라곤 맛볼 수 없었던 고립무원의 쓸쓸한 기억으로 말이다.

　아쉬운 점은 기성세대가 지금까지도 촛불로 표현된 십대의 자아 존재감과 희로애락을 있는 그대로 직시하지 않는다는 점이다. 당시 어른들은 십대들이 미국산 쇠고기 전면 수입을 반대하고 대통령 퇴진을 말할 때 몹시 당혹스러워했다. 십대들의 주장이 옳고 그름을 따지기에 앞서 그것을 십대의 생각이자 행동이라고 받아들이지 않았다. 순수한 십대라면 그런 행동을 할 리가 없다고 믿었던 것이다. 십대가 정치적 발언을 할 역량이 없다고 생각해서라기보다는 행동하는 십대를 인정하기가 싫었기 때문이다.

　2008년 초봄에서 초여름까지 등장한 촛불만이 아니다. 늘 그랬다. 어른들은 어쩌면 십대가 자발적으로 행동하고 표현하는 것을 죄다 싫어하는지도 모르겠다. 어른들이 시킨 대로 하지 않거나 아예 어른들이 생각하지도 못했던 것을 하면 덮어놓고 싫어하는 것 같다. 그것을 십대의 자발성으로 인정하기 싫으니까 배후의 조종이나 유도가 있었다고 단정한다. 촛불을 든 십대를 기특하게 여겼던 어른들도 자발성을 인정하지 않기는 마찬가지다. '미안하다 오죽했으면 어린 너희들이 ……' 라거나 '늦었으니 학생들은 귀가하라' 는 어른다운 체면에 머물고 만다. 그러나 십대는 배후의 세력이 불러내서 촛불을 든 것이 아니었다. 그렇기 때문에 어른들이 해산과 귀가를 종용한다고 해서 선뜻 발길을 돌리지 않은 것도 당연한 모습이다. 이는 다음 보도에서 잘 드러난다.

인터넷정치연구회와 서울신문사는 2008년 6월 서울광장의 촛불집회에 참여한 중·고생 800명을 대상으로 현장에서 설문조사를 실시했다. 결과를 요약하면 이렇다. 촛불집회 참여에 누구의 제안이나 요청이 있었는가 물었더니 '자발적 참여'라고 답한 중·고생이 71퍼센트, 친구의 권유가 18퍼센트, 부모의 권유가 6퍼센트였다. 미국산 쇠고기 수입 문제와 촛불집회에 대한 정보를 어디에서 얻었느냐는 질문에는 51퍼센트가 인터넷, 18퍼센트가 친구 등 주변인, 17퍼센트가 텔레비전, 10퍼센트가 신문이라고 대답했다. 정보를 재전파하는 경로는 친구와 면대면이 41퍼센트, 인터넷이 39퍼센트였다. 얼마나 정치나 사회에 관심 있는가에 대해서는 '매우 많다'를 비롯해 '많다'가 62.5퍼센트, '보통'은 28.7퍼센트, '관심이 없다'는 8.8퍼센트였다.

이 조사는 평범한 십대들이 인터넷과 또래를 통해 자발적으로 정보를 습득하고 대규모의 쌍방향 소통에 능하다는 것을 잘 보여준다. 이런 이유로 십대들은 대중매체나 소셜 네트워크에서 심각하게 다루는 이슈나 사안에 대해서 잘 반응한다. 또한 자신들의 생활과 미래에 직접 영향을 줄 수 있다고 느끼면 자연스럽게 행동에 나서기도 한다.

이것이 보통, 중간, 다수의 십대 모습이다. 이를 두고 극단적 사고의 소유자라거나 이랬다가 저랬다가 하는 철부지라고 치부하는 것이 타당할까. 참여 횟수로 봐도 그렇다. 1회 참여가 67퍼센트로 가장 많고 2회는 18퍼센트, 3~5회는 12퍼센트 순서다. 10~20회는 전체 800명 중에서 3명뿐이고 20회 이상은 1명이다. 특별한 소수의 십대가 반복적으로 참여한 것이 아니라 다수의 십대가 참가하고 빠지기를 번갈아하면서 흐름을 만든 것이다. 서울광장에 온 십대의 거주 지역을 봐도 그렇다. 참여한 십대의 56퍼센트가 경기도에 살고 있다고 응답했다. 대중교통으로 1~2시간은 족히 걸리는 곳에서 각자 한두 번씩 참여한 것을 과연 누가 시켜서 했다고 할 수 있을까. 하지만 어른들은 그렇다고 믿고 싶은 것이다.

이처럼 기성세대는 십대가 든 촛불을 엄청 싫어했다. 촛불로 표출한 십대의 사회적이고 정치적인 의사표현을 싫어한 것이다. 거기에서 끝나는 게 아니다. 더 중요한 점은 촛불을 든 십대의 사회적 존재를 지워버린 것이다. 그동안 우리 사회에서 무게감 없이 그림자처럼 취급받아온 평범한 십대가 자신의 존재감을 드러냈지만, 그들이 요구한 탁 트인 소통은 들어주지 않았다. 십대 너희가 누구든지 상관없다고, 너희에 대해 알고 싶지 않다고 하면서 말이다. 한마디로 우리 사회와 어른들은 십대가 스스로에 대해 질문하고 표현하는 것을 싫어한 것이다. 그런 건 대학에 간 다음에나 하라고 못 박은 것이다.

이런 상태대로라면 촛불이 나중에 산불로 등장한다 해도 어른들은 십대의 존재감 표출과 소통의 노래 따위는 또다시 뒷전으로

미뤄두고 딴소리를 할 것이다. 우리는 지난 촛불을 통해서 어른들이 어떻게 딴청을 피우는지 똑똑히 겪었다. 괴담 때문에 순진한 청소년이 속고 있다, 학생으로 공부에 전념할 일이지 경거망동하고 있다, 오죽했으면 힘도 없는 너희가 나섰을까 불쌍하다, 십대가 못난 어른을 대신해 행동하니 기특하다, 국민적 저항의 도화선이 된 학생들은 위대하다 등등. 보수에서 진보까지 어른들의 시선은 일면 다양해 보이나 십대에 대해 "넌 누구냐?"라고 묻지 않는다는 점에서는 같았다.

배후를 묻는 '진정한' 의심이나 그만 돌아가라는 '진정한' 보호심은 십대에 대한 어른들의 동일한 고정관념에서 나오는 조금 다른 반응일 뿐이다. 때문에 십대에게 촛불의 구호를 두고 왈가왈부해도, 촛불을 들고 있었던 십대에게 "넌 누구냐?" 하고 묻지 않는 것이다.

누구냐, 넌?

어른들은 십대를 다 아는 것처럼 착각하고 있다. 부모로서, 교사로서, 십대 시절을 보낸 어른으로서 나는 너희를 속속들이 알고 있다고, 촛불이니 뭐니 해봐야 한때며 아무 소용이 없다고. 그렇게 어른들은 자기 세뇌를 하면서 맹목적으로 십대를 대해 왔다. 그러나 만약 어른들 모두가 동시에 기억상실증에 걸린 사람처럼 십대에게 "넌 누구냐?" 하고 묻는다면, 그리고 십대의 목소리를 있는 그대로 경청하고 받아들인다면 전혀 다른 풍경이 펼쳐질 것이다.

이때 "넌 누구냐?" 하는 질문은 정말 모르는 사람이 진심으로 던지는 질문이어야 한다. 너를 알고 싶다고, 너를 이해하고 싶다고, 너의 꿈과 좌절을, 그 감정을 듣고 싶다고 묻는 질문이어야 한다. 대화의 첫 시작이 학교 성적이든 촛불이든, 진로든 광우병소든, 친구든 대통령이든 다 괜찮다. 다만 논리와 처신의 시비로 흘러 십대의 삶과 일상을 만나는 구체적인 관계로 나아가지 못한다면 부질없다. 그 질문이 포착해야 하는 키워드는 바로 십대의 '자발성'이기 때문이다.

벌써 먼 옛일처럼 취급되는 십대의 촛불을 사례로 든 것은 이것이 어른들의 상상을 훌쩍 뛰어넘는 스펙터클로 나타났기 때문이 아니다. 그 반대다. 십대에 대한 어른들의 고정관념을, 특히 십대에 대해 알고 있다고 확신하는 그 선입견부터 해체하자고 권하기 위해서다. 따라서 "넌 누구냐?"라는 질문의 효력은 먼저 어른들의 변화에서부터 시작되어야 한다. 출구가 없는 답답한 세상에서도 십대의 자발적 에너지가 살아 움직이고 있다는 사실에 고마워하는 어른이 되는 것. 십대가 자발적으로 성장하는 과정을 연대의 마음으로 지켜주는 어른이 되는 것. 십대가 자신의 인생을 자발적으로 설계하는 데 편견 없이 협력하는 어른이 되는 것. 그렇게 우리 사회의 어른들을 재탄생시키는 연금술의 첫 주문이 십대를 향해 묻는 "넌 누구냐?" 이지 싶다.

시시하고 소소하며 사사로운, 그러나 명랑한

많은 어른들이 신조어, 뉴미디어, 신상품 유행, 게임, 미니홈피 등을 두고 도통 십대를 모르겠다고 말한다. 하지만 그 어른이 부모나 교사나 세상의 운영자로서 십대를 대하는 태도는 너무나 요지부동이다. 마치 어린 너희가 모르는 대단히 중요한 인생의 진실이나 법칙을 어른인 나는 알고 있다는 투로 말이다. 이런 맹신을 버리지 않으면 십대의 존재를 보지 못하는 까막눈이 된다. 십대가 든 촛불을 보고 한 번씩 화들짝 놀랄지는 모르나, 촛불이 아니라 꺼지지 않는 별빛을 가슴 속에 켜둔 채 숨죽이는 십대를 만날 수는 없다.

나는 이들 십대가 촛불 갖고는 안 된다는 것을 경험한 뒤에 각자의 일상으로 숨어들어서 시시하고 소소하며 사사롭게 명랑한 혁명을 시작했다고 생각한다. 혁명이라고 하면 극단적 상황에서 별난 사람이 벌이는 것 같지만 아니다. 혁명은 모래알 같던 다수가 찔끔찔끔 만나고 흩어지다가 얼떨결에 뒤섞이면서 상황을 휩쓸고 나갈 때 일어난다. 지금껏 십대는 혁명의 주체는커녕 파트너도 아닌 하찮은 존재였다. 하지만 촛불 이후 혁명은 어른들의 생각과 다르게 십대들에 의해 날마다 작게 움트고 있다. 이 작은 혁명은 인생의 목적을 돈벌이가 아니라 사람살이의 재미와 의미에서 찾으려는 어른들과 더불어 세상 곳곳에서 일어나고 있다. 그 가운데 하나가 사회적 기업이다.

사회적 기업이란 국가, 기업, 시민단체 등이 기존의 관점과 관성으로는 풀지 못하는 사회문제들을 혁신적인 기업가 정신으로 접근해서 해결하는 새로운 유형의 조직이다. 사회적 기업은 세계 전역에서 미래의 새로운 주류로 급부상하고 있으며 종류도 무척 다양하다. 그중에서도 이 책에서 소개할 사회적 기업의 공통점은 십대와 이십대에게 '사회'와 '경제(기업)'를 어른들과 같이 경험하게 하면서 사람살이가 무엇이고 그 수단으로서 돈을 번다는 것이 무엇인지를 새롭게 정의하고 있다는 것이다. 한국의 노리단noridan, 오가니제이션 요리ogarnization YORI, 트래블러스 맵Traveler' s MAP 과 영국의 피프틴Fifteen 레스토랑 등은 모두 십대와 이십대에 주목하는 사회적 기업이다. 십대와 이십대의 자활과 자립을 실천하는 스페인의 벤포스타Benposta 마을이나 프랑스의 쇠이유Seuil 협회는 사회적 기업이란 말을 직접 쓰지는 않지만 사회적 기업가 정신이 발휘된 창의적인 사례다.

이제껏 어른들은 '애들은 가라' 하고선 자기들끼리 세상살이를 운영했지만 십대의 행복은커녕 무탈조차 지켜주지 못하는 약육강식의 정글을 만들어왔다. 덕분에 모두가 서로에게 피해 의식을 갖고 방어적 태세로 적대하는 사회가 되었다. 이를 바꾸는 길은 방금 거론한 사회적 기업처럼 보통, 중간, 다수의 십대가 어른들과 더불어 '사회'와 '경제'라는 세상일에 참여하면서 인생의 새로운 대안을 발명하는 방법 말고는 없다고 생각한다. 그러므로 어른들은 십대에게 "넌 누구냐?" 물어보고, 십대를 자신의 세상일 파트너로 초대해야 한다.

그렇게 하지 않으면 아마 십대는 촛불 같은 것을 들고 '우리 아직 살아있으니 세상 운영을 좀 같이 합시다'라는 표시를 더는 하지 않을 것이다. 대신 가벼운 반딧불이처럼 떠다니면서 자기들끼리 놀다가 완전히 딴 세계로 숨어들어갈 것이다. 그리고 그것이 안드로메다의 외계인 세계든, 외부와 단절된 내면으로의 감옥행이든, 겉은 성실하게 말 잘 듣는 행동을 하되 속은 텅 비워두는 자기 해체든, 그 영향은 단지 십대에만 국한되지 않을 것이다. 그것은 우리 사회를 이루고 살아가는 모든 사람들의 위기로 나타날 수밖에 없을 것이다. 어떻게 할 것인가? 우리는 지금 갈림길에 서 있다. ***

아이도
어른도
아닌

　십대가 누구인지 탐색하려면 교육 이야기를 짚고 넘어가
지 않을 수 없다. 요즘은 공교육이든 대안교육이든 사교육이든
모두 '자기 주도적 학습'을 입버릇처럼 말한다. 이 말은 시켜서
하는 학습, 짜인 틀 안에서 하는 학습, 외부에서 주입하는 학습
이 아닌 자발적 학습을 뜻한다. 문제도 도구도 해결도 평가도
자발성에 바탕을 둔 학습이다. 교육을 논하는 곳이라면 어디든
그렇게 하겠다고 말한다. 그러나 우리 사회에서 살아가는 십대
가운데 자발적으로 학습하는 사례가 얼마나 있을까?
　부모에게, 교사에게, 어른들에게 실제로 십대들이 얼마나 자
기 주도적 학습을 하고 있는지 물어보면 고개를 갸우뚱할 것이
다. 어른들부터 안 믿는 것이다. 십대에게 물어봐도 피식 웃거나

고개를 절래절래 흔들 것이다. 그럼 십대들이 자발성을 싫어해서인가? 아니다. 생명을 가진 사람이면 누구나 자기 생존과 존엄을 위한 본능을 발휘한다. 그러나 이 본능은 자신이 옳다고 또는 좋다고 느끼는 대로 표현할 수 있게 놔두어야 자발성의 모습을 띠고 나타난다. 그러려면 소극적이게는 기회를 허용해야 하고 적극적으로는 두루 요건을 잘 갖춘 최적의 환경을 만들어줘야 한다. 이래야 자발적 학습을 권장한다는 것이 말이 된다.

자기 주도적 학습은 얼마나 성공적입니까

자발성은 허락하는 것이나 금지하는 것, 앞당기는 것, 미루는 것 모두 스스로 선택할 수 있다고 믿어질 때에 발휘된다. 그런 선택권이 있을 때라야 원하기는 해도 스스로 금지하거나 나중으로 미루는 결심도 할 수 있다. 그런 자발성을 허용하거나 환경을 제공하겠다면서 이건 금지고 저건 된다거나, 저 환경은 접하지 말고 이 환경에만 있으라거나 하면 어불성설이다. 머리는 어른들이 시키는 대로만 굴려야 하고 팔다리는 마음대로 써보라고 억지를 부리는 셈이다. 한국 사회에서 이런 현상이 빚어지는 이유는 한 가지다. 어른들이 십대의 자발성을 싫어해서다. 왜 싫어할까? 어른들조차도 지금 자발적으로 뭔가를 하는 일이 별로 없기 때문이다.

어른들은 이렇게 변명한다. 초등학생 때에는 어느 정도까지 자발적인 욕구를 존중하며 키워주려고 하지만, 중·고생이 되면 현실이 어디 그렇게만 해서야 되겠냐고. 무한 경쟁과 승자 독식으로 판가름이 나는 진학, 취업, 소득, 결혼 등에 드리운 무시무시한 공포가 작동하는 것이다. 이 이야기는 누구나 다 알면서도 고쳐지지 않는 문제인지라 말을 보태느니 넘어가자. 이런저런 변명을 다 빼면 어른들의 고정관념 밑바탕에 남아있는 마지막 핵심은 무엇일까? 그것은 십대가 아이도 어른도 아닌 어정쩡한 과도기에 놓여있다는 생각이다. 사춘기, 질풍노도의 시기, 성장통, 정체성의 혼란 같은 개념들도 비슷한 생각으로 사용하는 단어들이다.

이런 시각은 아이도 아니고 어른도 아니기 때문에 문제라는 선입견으로 나타난다. 예컨대 학교 공부를 잘하는 것도 아니고 특별한 끼가 있는 것도 아니고, 여자답지도 않고 남자답지도 않고, 이도 아니고 저도 아니면 그럼 넌 뭐가 될 건데, 정말 문제로군, 하는 이분법식 생각을 한다. 아이도 아니고 어른도 아니어서 문제니 십대 시절에는 그저 온갖 문제에 휘둘리지 않게 단속을 잘하는 게 최선이지, 나중에 알겠지만 이게 다 너희를 위한 것이니 참고 또 참아, 시키는 대로 해, 그런 건 대학에 간 다음에 얼마든지 해, 이런 것이 어른들의 마음이다. 마찬가지로 교육학, 심리학, 사회학 등에서도 십대는 자기 관리에 취약한 존재로 전제하는 경우가 많다. 이렇게 아이도 아니고 어른도 아닌 문제투성이의 십대라고 보니 자발성을 허용하거나 창의성을 발휘하라고 선뜻 환경을 제공할 턱이 없다. 그러니 말로는 '자기 주도적 학습'이지만 행동은 반대가 된다.

그렇다면 십대가 아이도 어른도 아닌 존재라서 어정쩡한 정체성을 갖고 위험에 취약한 문제아의 시기를 보낸다는 것이 진짜일까? 십대를 주인공으로 한 성장소설을 12권 넘게 발표한 작가로 국내에도 잘 알려진 팀 보울러의 이야기를 들어보자. 2009년 7월 25일자 〈경향신문〉이 전하는 소설가 팀 보울러의 이야기는 많이 다르다.

"내가 십대를 매력적으로 여기는 것은 그들이 아이도 어른도 아닌 독특한 존재이기 때문입니다."

이런 발상은 팀 보울러 말고도 국내의 수많은 시인과 소설가들이 공감하고 있다. 이들처럼 아이냐 어른이냐 하는 이분법의 틀을 벗어던지면 십대라는 존재가 누구인지 보인다. 그러면 아이도 아니고 어른도 아니어서 애매하게 보이던 십대가 바로 아이이면서 동시에 어른인 존재, 아이와 어른을 모두 가지고 있는 독특한 존재로 보인다. 보이시는가? 그 변화무쌍한 양자 복합체의 십대라는 흥미로운 존재가.

그럼 아이의 요소와 어른의 요소를 같이 갖고 있다는 것이 무엇인지 간략히 살펴보자. 먼저 아이의 요소다. 아이의 정체성은 모든 것을 놀이로서 대하고 놀이로서 취하는 데에 있다. 놀이가 생활이고 생활이 놀이다. 완벽에 가까운 고양의 상태이자 자기 고용의 실현태이다. 이 상태에서는 위기와 기회가 한 몸으로 돌아가는데 이때 긴장감은 스트레스가 아니라 명랑한 에너지로 나타난다. 아이는 놀이 속에서 성장한다. 반면 어른은 놀이로부터 일을 분리시키고 일 중심으로 생활한다. 먹고 살기 위한 일에 종사하는 어른들은 놀이로부터 자신을 소외시켰고 일로 인한 스트레스를 해소하기 위해 놀이 대신 성인 오락의 세계를 만들었다. 그래서 직장인 다수가 일을 통해 제일 원하는 것이 자아실현이라고 하면서 일을 통해서 제일 안 되는 것이 바로 자아실현이라고 말하는 상황이 되었다. 이렇게 아이와 어른의 세계를 둘로 나눠서 생각하면 청소년기란 아이에서 어른으로 넘어가는 과도기일 뿐이다.

그러나 생각을 바꾸어 청소년기를 과도기가 아니라 생애 주기에서 별도의 중요성과 독립성을 갖는 단계로 보면 어떨까. 곧 청소년을 아이와 어른의 세계를 동시에 구현하면서 놀이와 일을 하나로 합체하는 새로운 인간형으로 보는 것이다. 사실 놀이와 일의 분리, 학교와 일터의 분리, 아이 세계와 어른 세계의 분리는 모두 근대의 발명품이다. 이것은 자발성이나 창의성이라는 시대적 요청을 받아들이는 데에 심각한 족쇄이다. 놀이, 일, 학습을 다 분리해서 개인이 각자 많은 시간과 돈을 써야 충족했던 과거의 방식으로는 현재의 청년 실업과 청소년 문제를 근본적으로 해결할 수 없다. 따라서 십대들이 아이와 어른의 세계를 동시에 갖는 양자 복합체의 존재로 성장할 수 있게 하는 길에서 대안을 찾아야 한다. 일과 놀이를 다시 하나로 만들어, 놀듯이 일하고 일하듯 노는 몸을 갖는 세대가 성장해야 해결책이 나온다.

양자 복합체적 인간

아이와 어른의 요소를 모두 갖고 있는 십대의 특별한 상태는 고정불변일 수가 없다. 육체적으로 정신적으로 점점 어른으로 변화하고 성장한다. 핵심은 어떻게 변화하는가이다. 이분법의 틀에 맞추어 자기 안의 아이를 죽이고 어른이 될지, 이분법을 벗어나서 저마다 생긴 대로 자기 안의 아이를 잘 보듬고 키우면서 그 아이와 더불어 공존하는 어른이 될지, 이 선택에 따라 성인成人이 되는 데 질적인 차이가 생긴다. 그러므로 십대가 누구인지에 대한 질문은 바뀌어야 한다. 시대의 흐름과 사회적 환경도 부모 세대가 살았던 때와 너무나 판이하게 달라져 있지 않은가.

세상이 달라진 것은 사회 모든 분야에서 창의성을 발휘해야 한다고 부르짖는 모습에서도 확인할 수 있다. 창의성을 발휘하기 위해서 중요한 능력 가운데 하나가 바로 통합하는 능력이다. 서로 다른 것들을 이분법으로 이것 아니면 저것으로 나누는 게 아니라 자유자재로 통합하고 그 속에서 가능성과 잠재력을 찾아내는 능력이 창의성의 주된 특징이다.

나는 십대야말로 아이와 어른의 양자 복합체적 특징을 잘 살린다면 창의적인 사람으로 성장할 수 있다고 생각한다. 따라서 십대를 어떻게 대하느냐가 우리 사회의 희망을 결정한다고 본다. 빨리 그 시기를 통과했으면 하는 성가신 존재로 대할 것인지, 아이와 어른의 요인을 동시에 갖는 특성을 잘 살려서 창의성을 꽃피울 생애의 한 주기로 대할 것인지. 이러한 희망을 현실로 빚어내려면 다른 발상이 필요하다.

2008년 8월 2일자 〈세계일보〉 대담에서 소설가 이순원은 팀 보울러와 십대의 촛불을 논한다. 일부 어른들은 십대의 촛불을 "자극적 언론 보도에 휩쓸린 것"으로 본다면서 "청소년들의 자체적 판단력에 대한 논란"을 소개하자 팀 보울러는 응답한다. "난 청소년들이 집회에서 상당한 역할을 차지하는 것이 놀랍지 않다. 청소년들은 자신의 원칙을 가진 존재다." 나는 십대들의 그 원칙이 바로 아이와 어른을 같이 지닌 양자 복합체의 특별한 존재감 속에서 나온다고 생각한다. 그렇기 때문에 십대에게 독특한 존재의 감각을 펼쳐보라고 응원하는 것이 어른들의 우선적인 책무이자 지혜라고 본다.

하지만 불행하게도 이제까지 우리 사회와 어른들은 그렇게 하지 않았다. 그러면서 비겁하게 한 입으로 두 말을 한다. 툭하면 십대에게 공부에 대한 의욕이 없다느니 삶에 동기가 없다느니 하며 개탄한다. 십대를 순진함과 취약함이라는 단어로 묶어두고 세상살이는 온통 자신들만 짊어진 듯 잔뜩 인상을 쓴다. 사실 어른들이 아이와 어른의 이분법을 고수하는 것은 그 사이에 창의적으로 존재하는 십대와 더불어 세상살이를 창의적으로 바꿀 의지가 없어서다. 그래서 십대의 자발성은 못 본 체 하는 것이다. 이제는 정말 안 그래야 하는데 말이다.

같은 대담에서 이순원은 또 묻는다. "보울러의 소설《스쿼시》(2008, 다산책방)를 읽었다. 십대 소녀가 임신한 이야기가 나와 놀랐다. 한국에서 이런 것은 권장 도서가 될 수 없다." 그러자 팀 보울러가 대답한다. "가장 최악은 이상적인 상황, 이상적인 사람들만 가득한 이야기를 쓰는 것이다. 십대도 진실이 무엇인지 알고 싶어 한다. 십대 임신은 물론 불행하다. 하지만 실제 일어나고 있고 피할 수 없는 문제 아닌가. 십대들도 판단할 능력이 있으므로 그게 나쁜 것이라고 주입할 필요는 없다."

보울러의 말처럼 십대의 자발성은 무균질의 진공 상태에서는 결코 나올 수가 없다. 좋고 나쁜 것들이 뒤섞인 현실 속에서 스스로 판단하여 행동하고 좌절을 겪어야 자발성의 뼈와 피와 근육을 만들 수 있다. 자발성이란 결국 문제를 겪는 과정에서 문제를 재발견하고 재정의하는 경험에서 자라난다. 그러기 위해서는 이상적인 상황 설정과 잘 정리된 가이드보다는 뒤죽박죽 돌아가는 세상에서 십대가 직접 찾아낸 인생 지도가 필요하다.

다행인 것은 평범한 십대 다수가 아직 기죽지 않고 살아있다는 점이다. 관건은 어른들이 더 이상 우물쭈물하지 않고 자기가 찾을 수 있는 범위 안에서라도 십대 한 명 한 명과 만나면서 얼마나 꾸준하게 '사회'와 '경제'의 파트너십을 실행하느냐이다. 실수하고 실패해도 계속 말이다. 그러면 십대는 자신에게 있는 아이의 요소를 잘 키우면서도 현실을 회피하지 않고 해결책을 찾는 책임감 있고 창의적인 어른으로 성장할 것이다. 십대를 믿고 십대가 스스로 책임질 기회를 주어서 자발적으로 성장하게 돕는 길은 우리 사회의 고질적인 문제들과 어른들의 불행한 인생을 개선하는 최선책이 될 것이다. ***

일하며
놀고
배우는

십대가 자발적으로 성장하는 평범하면서도 획기적인 사례들은 우리 주변에 의외로 많다. 그중 하나의 사례를 살펴보자. 2009년 상반기에 포스코의 TV 광고 모델로 나왔던 친환경 퍼포먼스 그룹 노리단에서 활동하는 십대들이다.

먼저 노리단을 짧게 소개하자. 노리단은 현재 한국을 대표하는 청년 사회적 기업으로 아시아와 세계에 널리 알려져 있다. 이곳에서는 공연, 교육, 조형, 미디어 분야를 아우르는 다양한 사업을 벌인다. 2004년에 11명이 의기투합해 시작된 노리단의 창업 동기는 '하고 싶은 일을 하며 먹고 살자'는 것이었다. 창업 동료 11명은 창업을 선언하기 전에 스스로 '하고 싶은 일'이 무엇인지를 묻고 공유하기 위해 긴 대화를 나눴다.

대화는 어떤 일을 하던 직업을 통해 자아실현을 했다고 느끼게 되는 가장 본질적이고 단순한 행위가 무엇이냐에 모아져 있었다. 노리단은 다음 세 가지 결론을 찾았다. 첫째는 자신을 표현하는 것, 둘째는 누군가를 돕는 것, 셋째는 무엇인가를 만드는 것이었다. 자신을 표현한다는 것은 공연의 장에서 배우와 연출가가 되어보는 것으로, 누군가를 돕는 것은 교육의 장에서 교사이자 워크숍 리더가 되어보는 것으로, 무엇인가를 만드는 것은 조형의 장에서 악기와 놀이 기구를 만드는 것으로 의견이 모아졌다. 노리단의 진짜 특징은 이 세 가지를 각각 따로 하지 않고 하나로 통합해서 순환하며 생활할 수 있는 조직 환경을 만들었다는 점이다.

돕고, 만들고, 표현하고

창업 당시의 11명을 보면 십대가 5명, 이십대는 1명, 삼십대는 5명이었다. 이들은 모두 배우로 자신을 표현하고, 교사로서 누군가를 돕고, 장인처럼 무엇인가를 만드는 활동을 통합적으로 순환하면서 일을 시작했다.

당시 삼십대는 문화예술 분야에서 대학원 수준의 전공을 가졌거나 기획과 마케팅 분야의 현장 전문가들이었지만, 이십대는 물론이고 십대는 완전히 초보였다. 노리단의 삼십대 선배들이 다른 점은 십대를 학생으로 취급하지 않고 창업 동료로 대했다는 것이다. 물론 나이와 능력과 경험의 차이가 엄연히 있기 때문에 평등주의로만 대했다는 것은 아니다. 하지만 너희는 십대니까 시키는 대로만 하라거나 열심히 배운 다음에 실력이 되면 그때부터 일하라거나 하지 않았다. 십대의 자발적 성장을 믿고 그들이 실수하고 실패하면서 스스로 도약할 수 있는 환경을 만들었다. 십대가 느끼는 환경이 삼십대가 일하는 환경과 전혀 다르지 않게 말이다. 오히려 십대 초보자라고 해서 자신이 일하는 조건을 삼십대나 전문가의 그것과 다르게 느낄까봐 더 주의했다는 게 맞을 것이다. 노리단 선배들은 십대들에게 서로의 지식이나 경험에서 차이가 있지만 주어진 환경은 같다는 것을 강조했다.

물론 이런 환경에 놓이면 십대 초보자는 삼십대 전문가들 속에 섞여서 온갖 실수와 실패를 반복하면서 전문가와 초보자의 격차라는 벽을 절감하게 된다. 그래서 낙담하고 좌절하고 의기소침해지는 경험을 반드시 겪게 된다. 사실 이 대목부터가 십대의 자발성이 진가를 발휘하는 순간이다.

"벌써 공연을 나간다고요? 아이고 큰일 났네! 공연을 앞둔 신입 단원은 이구동성으로 이런 말을 한다. 어린이든 성인이든 일단 단원이 되고 나면 적응기간 한 달 정도를 거친 뒤 바로 초청공연을 나가곤 한다. 보통 단원 6~7명이 한 팀을 이루어 공연을 하는데 경험자도 있고 초보자도 있으며 어른도 있고 아이도 있다. 때문에 신입 단원은 자신의 서툰 연주 실력이 팀워크나 공연에

지장을 줄까 덜컥 겁부터 낸다. 하지만 팀장들은 그런 걱정을 들은 척도 하지 않는다."

노리단을 창단한 안석희, 김희연 등 당시 삼십대들 다섯 명이 같이 쓴 《일하며 논다, 배운다-노리단 이야기》(2007, 민들레)의 한 대목이다.

초보자이고 십대라면 노리단에서 예외 없이 누구나 겪는 일이다. 아무리 십 년 넘게 실력을 닦아온 삼십대 전문 공연자들과 함께 무대에 선다고 해도 적잖은 돈을 받고 하는 공연에 초보자가 한 달 만에 나서는 것인데 왜 두려움이 없고 실수가 없겠는가. 무수히 많은 실수가 벌어지고 때문에 공연 전체가 실패의 벼랑으로 내몰리기도 한다. 물론 이렇게 해놓고 돈을 받을 수 있겠는가 싶지만 이에 대한 노리단 나름의 특별한 노하우가 있기는 하다. 그러나 이보다 더 중요한 점은 따로 있다. 십대의 실수로부터 노리단의 전문가들이 얻는 배움이 훨씬 컸다는 사실이다.

실전에 의한 학습

보통 전문가들은 실수를 하면 주어진 환경을 탓하거나 객관적으로 예고된 것임을 은연중에 강조하면서 방어부터 하는 경향이 있다. 사회생활을 하다 보니 그런 처세술을 익힌 것도 있고, 자신의 잘못을 인정하면 두고두고 불리하게 작용한다는 계산도 있으며, 정직하지 못한 자존심도 작용하기 때문이다. 그러나 똑같은 상황에서 십대는 아이와 어른 요소 중 아이의 반응이 먼저 나오면서 여지없이 허물어지고 곧바로 자기 탓임을 시인한다. 이때 선배들이 실수로부터 무엇을 배우면 되는지 격려하고 도와주면 십대는 십중팔구 다음 공연에서 몰라볼 정도로 달라진 모습을 보인다.

이런 십대의 변화를 같이 겪으며 누구보다 크게 배우는 것은 전문가들이다. 전문가끼리 작업을 하면 큰 실수는 줄어들지 모르지만 미세한 실수나 실패는 늘 있기 마련이다. 그때마다 허심탄회하게 문제를 드러내놓고 협력하며 교정하는 것이 생각만큼 쉽지 않다. 또한 분야가 다른 전문가들끼리 자기주장만 하다가 결론도 없이 끝나는 경우도 많다. 자신이 어떤 대목에서 실수를 반복하는지 잘 아는 전문가라도 혼자서 해결하려고 애쓸 뿐 자신이 해보지 않았던 타인의 방법으로 문제가 풀릴 수도 있다는 데까지는 선뜻 나서지 못한다. 반면 십대들은 작은 실수도 크게 느끼고 솔직하게 시인하며 자신의 몫을 책임지려고 한다. 그 과정에서 한 단계 훌쩍 성장한다. 이런 십대들의 변화를 지켜본 전문가들에게는 결정적인 태도의 변화가 생긴다.

이런 파트너십이 사소하게 쌓이면 십대와 전문가 사이의 관계 방식에도 영향을 끼쳐서 십대와 전문가 모두가 커다란 도약을 한다. 이런 까닭에 노리단은 단원 모두에게 상호 협력을 기반으로 하는 "실전에 의한 학습Learning by doing"을 강조한다. 이는 실전을 통해 자신의 실수와 잘못을 직면할 때에만 연습이 진짜 효력을 갖는다는 뜻이다. 진짜 일과 동떨어진 연습의 장에서 반복하는 훈련도 물론 도움이 되지만, 새로운 목표에 도전하고, 실패하고, 교정하고, 다시 도전하게 하는 자발적 에너지를 발휘하게 만드는 데에는 한계가 많다. 노리단 창업 당시의 십대들은 지금 모두 이십대 중반이 되어 공연의 베테랑으로 성장했다. 그리고 노리단의 십대 단원들을 효과적이고 담대하게 가르치는 선배 노릇을 톡톡히 하고 있다.

노리단은 2009년을 기준으로 직원 66명의 소기업으로 발돋움해서 공연, 교육, 조형, 미디어 등의 여러 사업 영역으로 확장되고 있지만 여전히 새로 들어오는 단원들에게는 같은 원리를 적용한다. 십대들은 지금도 여러 영역을 순환하며 실전을 통해 깨지면서 성장한다. 당연히 이 과정에서 실수하고 실패하지만, 실패로부터 다음 번 성공의 씨앗을 찾게끔 기회가 주어지면 스스로 목표를 더 높게 잡고 다시 도전함으로써 전보다 확연히 높은 단계로 뛰어오른다.

십대는 누구보다 높게 점핑한다. 속도와 방식에서도 훨씬 격렬하고 순수하다. 이는 십대가 아이와 어른의 요소를 모두 지닌 독특한 존재이기에 가능하다. 그 모든 요소를 고루 자극하는 환경에 놓이면 누구보다 빨리 놀라운 성취를 이뤄내는 것이다. 자신의 실수와 약점을 솔직하게 인정하고 그로부터 배우면서 강렬하게 성장하는 아이의 특성, 자신을 믿고 일하는 동료들에게 누를 끼치지 않기 위해 책임감을 갖는 어른의 특성이 노리단 같은 환경에 놓이면 시너지를 발휘한다.

이를 예외적인 경우라고 본다면 그것은 다음과 같은 생각에 사로잡혀서다. 일은 일, 놀이는 놀이, 학습은 학습으로 분리하고 그 각각을 점수로 매기고 줄을 세우는 것만이 효율적이라는 맹신. 이는 일에서 1등, 놀이에서 1등, 학습에서 1등만이 살아남을 가치가 있고, 뭐든지 등급과 서열을 매겨야 경쟁력이 생긴다는 세뇌를 너무 오래 받아서 생긴 편견이다. 이런 환경에서는 1등의 자리에 서지 못하는 보통, 중간, 다수의 십대들은 결코 자발적 성장을 위한 도전을 할 수 없다. 성장을 영역마다 조각조각 나누고 등수를 매기는 분리 대립주의, 경쟁 제일주의, 단기 성과주의의 잣대로 측정하는 사람에게는 십대들이 저마다 다양하게 자발적 성장을 할 수 있다는 소리가 잠꼬대처럼 들릴 것이다.

그러나 그것은 결코 잠꼬대가 아니다. 얼마든지 현실에서 일어날 수 있다고 믿고 도전하면 노리단 같은 사례는 수없이 늘어날 수 있다. 그것을 증명하는 사례들이 지역의 작은 도서관들에서, 농촌의 마을 만들기에서, 창의적인 사회적 기업들에서 왕성하게 일어나고 있다. 안타까운 점은 이런 사례들이 일반 학교의 교육 프로그램과 청소년 기관의 활동과 회사의 인턴십 등에 적극적으로 확대 적용되지 않고 있다는 점이다. 이유는 아는 대로다. 무한경쟁 승자독식의 게임에서 벗어날 생각을 부모가, 교사가,

CEO가 하지 않아서다. 말로는 비판을 하고 대안을 찾지만 실은 하기 싫어서다.

전문가들과 함께 일하고, 배우고

지금 우리 사회와 어른들은 십대에게서 자발성과 창의성의 모든 숨통을 틀어 막아버리는 막장 상황을 만들고 있다. 2007년 7월 2일자 〈조선일보〉 인터뷰에서 만능 엔터테이너이자 기업가인 박진영은 이 상황을 신랄하게 비꼬았다.

"학교에서 판에 박힌 수업, 방과 후에도 학원수업, 과외를 똑같이 받고 사는 우리 애들에게 뭘 기대하겠나? 지금 교육은 창의력을 말살하고 있다. 나보고 최소한 예술 부문에서 미래를 향해 투자하라고 한다면 학교가 아니라 소년원을 선택하겠다."

박진영이 말한 대로 세계 곳곳에서는 이미 그렇게 하는 사람들이 새로운 성공 방식과 이야기를 만들고 있다.

세계적인 스타 요리사이자 재담꾼인 제이미 올리버가 창업한 영국의 대표적인 사회적 기업 피프틴 레스토랑의 이야기를 들어보자. 이곳에서는 이혼 가정의 청소년, 전과가 있는 청소년, 노숙한 경험이 있는 청소년 등 인생의 굴곡이 분명하고 삶의 동기가 강렬한 십대와 이십대를 선발한 다음 일 년에 걸쳐 강도 높은 자발적 성장을 경험하게 한다. 강도가 높다는 것은 식재료 알기, 요리하기, 음식 서빙하기, 손님과 대화하기 등 외식업의 운영 전

과정에 걸친 지식과 훈련을 단계별로 진행한다는 뜻이 아니다. 실전에 투입되어 통합적으로 처음부터 높은 기대 수준과 도약의 과정을 밟아간다는 뜻이다. 이렇게 고된 과정을 십대 훈련생들은 어떻게 견디고 이겨내는 걸까. 그 비밀은 바로 '몰입'에 있다. 제이미 올리버와 그의 동료 요리사들처럼 존경받는 전문가들과 직접 같이 일하며 배우는 실전에 의한 학습 기회 앞에서 십대와 이십대들이 자발적으로 몰입하는 것이다.

제이미 올리버와 함께 일하고 놀고 배우면서 자신의 인생을 바꿔보려는 피프틴 레스토랑의 십대와 이십대들은 하루하루 힘든 노동을 해도 웃음이 떠나지 않는다. 그들의 홈페이지나 대중매체에 실린 기사를 보면 거기에는 언제나 웃고 있는 십대와 이십대들의 사진이 있다. 나는 그들의 웃음이 진짜라고 느낀다. 부단한 삽질 끝에 일어나는 소용돌이의 괴력과 수많은 실패 끝에 돌발 사태처럼 나타나는 도약의 힘을 경험한 사람만이 갖는, 놀이의 속성으로부터 나오는 웃음이다.

이처럼 피프틴 레스토랑은 2002년 문제아로 불리는 청소년 15명과 함께 창업한 이래 교육Education, 권능Empowerment, 고용Employment을 통합적으로 실현하는 십대의 자발적 성장 모델을 멋지게 증명해냈다. 피프틴 레스토랑의 일 년에 걸친 자발적 성장을 경험한 십대들은 다른 레스토랑에 취직하거나 대학에 진학하거나 직접 레스토랑을 창업하거나 피프틴에서 일하고 있다. 이러한 성과는 제이미 올리버가 십대와 이십대를 자신의 '사회'와 '경제' 안으로 초대해서 파트너십을 맺었기 때문에 가능했다. 진짜 일과 동떨어진 가상의 훈련이 아니라 어른들이 십대들과 함께 겪는 파트너십에 의한 실전이었기에 가능했다.

우리나라에서도 비슷한 사회적 기업이 있다. 한국의 피프틴 레스토랑 격인 오가니제이션 요리이다. 이곳에서는 '인생을 요리하는 청소년 요리사 영쉐프' 사업을 통해 십대들에게 교육과 권능과 고용을 하나로 실현하는 인생 프로젝트를 벌이고 있다. 이 사업은 2010년 첫 해에 12명의 십대를 선발했는데 부모가 없거나 이혼 가정의 자녀이거나 가출 등의 경험을 했던 청소년들이었다. 사회 통념으로 보면 대부분이 '불우'한 환경에 놓여있는 십대들인데 이들이 가장 먼저 창의적인 인생 밑천을 만들 기회를 만나고 있는 것이다.

하고 싶은 일로 사회를 바꾼다

다시 노리단 이야기로 돌아오자. 창업 이후 직원이 늘어나 서른 명 가까이 되었을 때 노리단은 중요한 논의를 한 번 더 했다. 노리단의 활동이 세상 사람들에게 어떤 메시지와 용기를 주는가 하는 질문 때문이었다. 단원들은 자신들의 경험으로부터 '노리단의 가치'를 재발견했다. 하나는 '버려지는 것을 새롭게 살린다'였고 다른 하나는 '하고 싶은 일로 사회를 바꾼다'였다.

'버려지는 것을 새롭게 살린다' 라는 생각은 버려지는 것이 자연과 물건만이 아니라는 생각에서 출발한다. 사람도 한 생애를 살면서 자신에게 잠재된 또 다른 능력, 쓸모, 기여, 가치들이 있는데 이를 까맣게 모르거나 알아도 발휘하지 못하고 사는 경우가 허다하다. 노리단은 서로 다른 사람들이 모여서 모두가 잠재력을 발휘하게 상호 촉진하는 조직의 모델을 제시한 셈이다. 어떤 분야의 전문가라도 노리단에 오면 십대와 파트너십을 맺으면서 아마추어처럼 자신의 또 다른 잠재력을 찾는 일부터 더듬더듬 시작한다. 이런 과정을 통해 새로운 자아실현의 가능성을 찾아내는데, 이것이 노리단의 공연, 교육, 조형, 미디어 사업에 독창적인 감각과 감동을 부여하는 원천이 되고 있다.

'하고 싶은 일로 사회를 바꾼다' 는 말은 자칫 지구를 구한다는 말처럼 거창하게 들릴지 모르겠다. 하지만 노리단에서 이 말은 작고 구체적인 행동을 뜻한다. 사회란 너와 내가 맺는 관계에서 시작되는 것이니 사회를 바꾼다는 것도 너와 나의 관계를 바꾸는 일로부터 시작된다고 생각하는 것이다. 네가 하고 싶은 것과 내가 하고 싶은 것이 겹치는 부분을 먼저 키우는 데서 시작하면 된다. 이것이 어려우면 네가 하고 싶은 일을 먼저 도와서 잘 되게 한 다음에 내가 하고 싶은 일도 뒤따라 잘 되게 하는 방식으로 접근한다. 이렇게 너와 내가 하고 싶은 일로 만나서 협력하는 과정을 통해 단원들은 일하고 놀고 학습하는 것을 따로 나누어 하지 않고 한꺼번에 연계해서 수행하는 조직 문화를 만들어간다.

노리단의 사례는 이윤을 추구하는 기업도 생각만 달리 먹으면 얼마든지 십대의 자발적 성장을 위한 살아있는 학교가 될 수 있다는 것을 보여준다. 동시에 기업의 일을 통해 놀이와 학습을 연계 순환시키며 십대와 어른이 서로를 성장시키는 거울이 될 수 있다는 교훈을 준다. 사실 성장이라는 것은 교과목 점수 올리듯 수학 따로 영어 따로 이루어지는 게 아니라서 일과 놀이와 학습 역시 나뉘지 않는다. 나누지 않고 통합적으로 경험해야 창의적 인생 밑천이 자연스럽게 만들어진다. 이는 단지 희망 사항이거나 꿈이어서는 안 된다. 우리 사회 곳곳에서 어른들이 '사회'와 '경제'를 넘나들며 십대들과 파트너십을 맺으려 들면 얼마든지 작게라도 당장 시작할 수 있다. ***

새로운
시대의
몸

우리는 지금 변화가 일상이 된 시대를 살고 있다. 크고 작은 변화들이 하루도 빠짐없이 밀려오고 스쳐간다. 승승장구하는 것 같더니 곤두박질치는 금융 자본주의의 널뛰는 흐름, 주민 구성과 스카이라인을 밤새 뚝딱 바꿔버리는 재개발의 초고속 광풍, 손가락 끝으로 터치스크린의 아이콘을 까닥하는 것만으로 거의 모든 일을 가능하게 만든 스마트폰의 혁명도 우리 생활에 큰 영향을 끼친다. 이렇듯 변화의 범위는 전면적이고 속도는 갈수록 빨라진다. 변화를 머리로 따라잡으려고 하면 이미 늦은 것이라는 경고가 여기저기서 울려 퍼진다. 사람들은 주눅이 들면서도 뒤쳐지지 않기 위해 열심히 따라간다. 한편에서는 변화가 무조건 좋다는 맹신에 반기를 드는 슬로우 운동도 일어난다.

이렇듯 전반적이고 급격한 변화가 사람살이에 적합한지 아닌지 하는 논쟁과 좀 다른 관점에서 주목해야 할 이야기가 있다. 스마트폰을 비롯한 뉴미디어 환경에서 기계를 도구가 아닌 신체의 일부처럼 여기며 기계와 능동적으로 상호 교감하는 새로운 인간 유형에 대한 것이다. 이들이 가져올 변화에 대해서다. 물론 이런 현상은 국가나 세대마다 격차를 보이지만 삶의 패러다임을 통째로 바꾸고 있다는 점은 크게 다르지 않다. 때문에 모른 척 한다고 해서 비켜갈 수 없는 노릇이다.

농경적 신체, 산업적 신체, 정보적 신체

지식기반 사회, 정보화 사회, 창조산업의 시대, 상상력의 시대, 꿈의 사회 등 가까운 미래에 대한 보고서와 제안들을 살펴보면 선진국을 비롯한 많은 사회에서 비물질적 노동과 탈물질의 가치가 갈수록 커지면서 경제와 정치, 사회관계와 개인 생활에 근본적인 변화가 촉발되고 있는 것을 알 수 있다. 지금의 십대는 이 새로운 시대를 본능 차원에서 교감하며 자란 첫 세대다. 물론 어른들도 새로운 흐름을 인지하려고 애쓰지만 십대처럼 신체와 감각 수준에서 공명하고 있지는 못하다. 공감하려고 애쓰는 것과 거의 자동적으로 공명하는 것. 이 반응과 행동의 차이는 사실 머리가 아니라 몸의 차이와 직결되어 있다.

진중권의 책 《호모 코레아니쿠스》(2007, 웅진지식하우스)를 읽어보자. 한국 사회는 오랜 세월 농경 사회로 있다가 압축적 방식으로 산업 사회가 되었고 이보다 더 빠른 방식으로 정보 사회에 진입했다. 대게 후진국은 농경 사회와 산업 사회 요소를 갖고, 선진국은 산업 사회와 정보 사회의 요소를 갖는다. 그러나 한국 사회는 농경 사회, 산업 사회, 정보 사회의 세 요소가 긍정적인 상호 융합이 아닌 무질서하게 섞여 있는 모습이다. 그렇기 때문에 각 세대도 세 가지 시대의 몸을 뒤섞어 갖고 있는데 그럼에도 비중은 서로 다르다고 한다. 가령 노년층은 농경적 신체, 장년층은 산업적 신체, 신세대는 정보적 신체가 우세하게 나타난다는 것이다.

책에 따르면 농경적 신체는 자연의 리듬을 따르는 몸을 뜻한다. 사계절의 순리와 어긋나게 가을에 씨 뿌리고 봄에 수확할 수 없으니까 자연의 이치에 순응하는 몸이다. 산업적 신체는 군대, 공장, 학교의 기계적 규율에 길들여진 몸이다. 일하고 공부하는 시간이나 강도를 인위적으로 늘리거나 높여버리면 능률이 올라가니까 몸도 기계를 따라간다. 그럼 정보적 신체란 무엇일까? 미디어를 신체의 일부처럼 사용하면서 일도 놀이도 학습도 모두 개인들 간의 대규모 쌍방향 네트워크로 수행하는 새로운 몸을 가리킨다. 정보 사회의 온갖 기계들과 교감하는 환경에서 성장한 십대는 공간과 시간을 느끼는 감각도 산업적 신체나 농경적 신체의 그것과는 딴판이다.

만약 집안의 물건이 고장이 나서 혼자 해결할 수 없다고 해보

자. 농경 사회의 신체는 그것을 고칠만한 동네 장인이나 기술자를 직접 만나기 위해 집을 나설 것이다. 산업 사회의 신체는 서비스센터에 전화를 할 것이다. 반면 정보 사회의 신체는 개인 미디어들로 연결된 소셜 네트워크 서비스를 통해 이미 비슷한 문제를 겪어보고 해결해본 수많은 타인들과 대화를 나눌 것이다. 이러한 경험과 반응의 차이가 누적되면 신체의 감각이 질적으로 다른 종류가 되는 것이다.

단순한 도구도 손에 쥐는 법, 촉감, 무게감, 사용하는 방식 등에 따라서 사람의 눈썰미와 손과 팔 근육에 독특한 감각을 만들어낸다. 이렇듯 도구들과 기계들이 신체와 유기적으로 연결되면 손과 눈의 감각만 변하는 것이 아니라 신체 전체의 피드백 체제가 달라진다. 종이에 연필로 쓰는 것과, 타자기에 종이를 끼워 자판을 치는 것과, 모니터를 보며 마우스를 움직이는 것의 차이도 마찬가지로 신체적 차이를 만든다. 애플의 아이폰이 놀라운 것은 사람이 혼자 하거나 함께하는 모든 사고와 행위를 현실과 다른 가상의 세계가 아닌 또 하나의 현실로 손 안의 개인 미디어에 펼쳐놓은 점이다. 우리는 이미 두 가지의 현실을 넘나들며 살고 있는데 온라인 현실과 오프라인 현실 가운데 무엇이 먼저라고 무엇이 가상이라고 말하기 어려운 탈경계의 일상을 살고 있다. 여기에 적응하는 신체는 오프라인만을 현실이라고 믿고 살아가는 신체와 같을 수가 없다.

멘탈세팅이 달라지고 있다

다른 예를 들어보자. 이메일의 등장은 단지 편지만 사라지게 한 것이 아니다. 더 중요한 변화는 따로 있다. 너와 나 사이에 우체통과 우체국과 우체부의 중간 유통 단계가 사라지고 너와 내가 직접 실시간으로 대면하게 된 변화, 너의 개인 미디어와 나의 개인 미디어가 언제 어디서나 연결되어 있는 상태에서 이루어지는 관계 방식의 변화이다. 진중권은 이런 경험 속에서 자란 십대는 주의력을 분산시켜서 쏟아지는 다양한 정보를 신속하게 훑고 자기에게 중요한 것만 골라 조직할 줄 아는 신체와 감각을 길렀다고 본다. 그 결과 "아이들의 멘탈세팅이 달라지고" 있다고 설명한다.

이처럼 정신세계의 원판이 달라진 것이라면 눈높이를 낮춰서 대화한다거나 번역기를 통해 소통하는 차원과는 전혀 다른 접근이 필요하다. 즉 어른들은 지금까지 경험해본 적이 없는 새로운 정신세계를 가진 십대를 십대만의 감각과 논리대로 지켜보고 이해할 때까지 관찰하는 자세가 필요하다. 관찰도 안 하고서 덮어놓고 애정을 표현하거나 산업시대의 윤리로 윽박지르는 태도는 경계해야 한다.

청소년 전문 정신의학자 사이토 다마키의 《폐인과 동인녀의 정신분석》(2005, 황금가지)을 인용하자. 책은 미디어의 변화에 따라 자의식이 변하는 것에 대해 워크맨을 들어 비유한다.

이를테면 워크맨을 끼고 사는 사람은 '분열형 자의식'의 특성을 닮았다고 비유한다. 눈으로 보는 외부 세계와 워크맨을 통해 귀로 듣는 세계가 따로 있어서 양자를 이분화한다는 것이다. 이 때는 좋다와 나쁘다의 이분법적 정신세계가 분명해서 좋은 것엔 좋은 자아가, 나쁜 것엔 나쁜 자아가 관계하는 '분열형 자아'와 닮은꼴이라는 것이다. 이 '분열형 자아'는 산업적 신체에 익숙한 자의식이다. 해도 되는 것과 하면 안 되는 것, 할 수 있는 것과 할 수 없는 것 등의 이분법은 산업사회의 기계적 규율과 잘 맞아떨어진다.

반면 십대의 정보적 신체는 무수히 많은 개인들과 미디어로 연결되어 다양한 주제에 다양한 자아가 상응하는 '해리형 자의식'에 가깝다는 것이다. '해리형 자의식'은 여러 개의 자아가 있어서 그때그때 즉각적으로 이런 자아 저런 자아를 동시에 사용한다. 예컨대 몸은 분명히 지하철 안에 있는데 스마트폰을 통해 정신은 그 순간 전혀 다른 세계들로 순간 이동해버리는 매트릭스의 신체와 감각을 갖고 있다. 요즘에는 영화 〈매트릭스〉에서 보여준 자의식 모델도 구형으로 취급할 만큼 별별의 변종 자의식 모델이 영화에 거듭 등장하지만, 나 같은 초보자로선 다 가늠하기도 어렵고 복잡해지니 이 정도 선에서 마무리하자.

진중권은 정보적 신체를 가진 십대의 몸이 어떤 가능성을 가졌는지 보았고, 사이토 다마키는 미디어의 변천이 일으키는 정신세계의 변화에 따라 각 세대가 갖는 자의식의 병리적 특성이 어떻게 다른지 보았다. 초점의 차이는 있지만 통하는 이야기다. 새로운 시대의 환경에 누구보다 먼저 적응하며 성장해온 십대의 몸이 이전 세대의 몸과 달라졌다고 할 때, 그 의미는 단지 신기술과 뉴미디어에 대한 적응력의 차이가 아니라 신체감각과 정신세계의 질적 변이 혹은 진화에 있다는 점에서 말이다.

중요한 점은 그렇게 달라진 몸을 가진 십대가 그런 정신세계로 무엇을 하려는가이다. 더 살기 좋은 사회를 만들기 위해 십대들이 하면 좋겠다고 우리가 생각하는 것이 무엇인가 하는 점이다. 최선은 우리 어른들이 십대의 새로운 몸과 정신세계로부터 나오는 욕구를 사회적으로 바람직한 방향으로 실현할 수 있게 돕는 것이다. 그중 대표적인 것이 대량생산 대량소비라는 산업 시대의 패러다임으로는 더는 해결하지 못하는 교육, 고용, 복지, 문화 등의 복합적인 사회문제를 해결하는 일이다.

달라진 세상에게 던지는 세 가지 질문

세계는 이미 새로운 시대에 일-놀이-학습을 통합하는 라이프 스타일, 즉 노리단 식으로 말하면 나를 표현하고 타인을 돕고 무엇인가를 창조하는 일과 직업이 어떤 모습으로 등장하는지에 관심을 집중시키고 있다.

미래학자 다니엘 핑크의 《새로운 미래가 온다》(2007, 한국경제

신문사)를 참조하자. 그는 다음 세 가지 질문에 대한 응답에 따라 사람의 운명이 달라질 것이라고 단정한다.

"1. 해외에 있는 사람이 이 일을 더 싸게 할 수 있는가? 2. 컴퓨터가 이 일을 더 빨리 할 수 있는가? 3. 풍요의 시대에 비물질적이고 초월적인 욕구를 만족시키는 상품이나 서비스를 제공하고 있는가?"

이주노동자가 급증하는 것은 해외에 있는 그들이 같은 일을 더 싼값에 하기 때문이다. 자동화 시스템의 발달로 기존의 단순 반복형 생산직과 사무직 일자리가 자꾸 줄고 있다. 이 둘은 지금 벌어지고 있는 일이다. 그럼 3번 질문이 남는다. "비물질적이고 초월적인 욕구"와 관련된 일. 다니엘 핑크에 의하면 그 일은 "다른 사람과 공감하고 미묘한 인간관계를 잘 다루며 자신과 다른 사람의 즐거움을 잘 유도해 내고 목적과 의미를 발견해 이를 추구하는" 감성이 좌우한단다. 그런 감성으로 "일상적인 컴퓨터 업무를 수행하기보다는 관계구축 업무를 수행하고, 일상적인 문제를 해결하기보다는 새로운 기회를 탐색하는 업무를 하며, 단일 요소를 분석하는 업무보다는 큰 그림을 합성하는 업무"를 수행하는 것이라고 한다. 부모라면 누구나 자녀가 이런 일을 하길 바랄 것이다.

문제는 3번 일자리가 어떻게 만들어지느냐 하는 것이다. 한 명의 천재가 번쩍 하면 그런 일자리가 쏟아지는 게 아니다. 그 반대다. 개인이 필요한 콘텐츠를 직접 팔고 사는 애플리케이션 시장이 등장한 것처럼, 십대들의 집단 지성이 촛불이라는 즉각적 행동을 조직한 것처럼 보통, 중간, 다수의 사람들이 일대일 쌍방향으로 연결되면서 새로운 일자리와 직업을 창출할 것이다. 요컨대 3번 비물질적이고 초월적인 욕구에 관한 일자리의 출현과 성공은 새로운 시대에 새로운 몸을 갖고 자란 십대에게 자발적으로 뭔가를 해볼 수 있는 기회를 얼마나 꾸준하게 제공해왔는가에 의해 좌우될 것이다. 그렇게 기회를 주면서 사회의 핵심문제를 그들이 주도적으로 해결하게끔 권장하는 어른들의 전략과 지혜가 함께 가동되어야 사회적으로도 쓸모 있으면서 십대에게 잘 맞는 새로운 일자리가 탄생할 수 있다.

새로운 일자리의 모습에 대해서는 사회학자 울리히 벡의 《아름답고 새로운 노동세계》(1999, 생각의 나무)를 읽어보면 좋겠다. 새로운 시대에는 공공 영역의 사회 서비스 분야에서 인간적인 돌봄과 창의적인 활력을 주는 새로운 일자리를 만드는 것이 유일한 희망이고 그는 생각한다. 이런 일자리를 만드는 사람을 가리켜 스티브 잡스의 창의적인 기업가 정신과 테레사 수녀의 헌신적인 돌봄의 정신, 이 두 가지를 결합한 새로운 인간상 즉 사회적 기업가의 출현으로 표현한다. 우리 사회와 어른들이 십대의 몸과 정신세계에 맞추어 제안하고 권장할 비물질적이고 초월적인 욕구에 관한 일자리는 바로 이런 것이라고 생각한다.

2010년 발표된 한국노동연구원의 보고서를 봐도 고용 없는 성장 사회의 문제를 효과적으로 해결하기 위해 사회 서비스 분야의 다양한 일자리를 만드는 것에 주목하고 있다. 사회 서비스 분야에서 새로운 일자리가 많이 만들어져야 고용 문제도 풀리고 삶의 질도 높아질 수 있다고 보는 것이다. 고용 문제는 장애인 등 전형적인 고용 취약 계층에 대해서 사회복지 차원에서 모색 되는 것이 기본이지만, 무엇보다 청소년과 청년의 고용문제 해결 측면에서 적극적인 전략이 필요하다. 십대와 이십대의 새로운 몸과 정신세계에 어울리는 새로운 사회 서비스 일자리를 다양한 영역에서 적극 발굴해야 한다.

예상컨데 새로운 시대의 주역이 될 십대와 이십대에게 어울리는 신종 사회 서비스 일자리는 지식 서비스 영역이나 창의 혹은 창조산업 영역일 것이다. 달리 표현하면 예술, 스포츠, 관광, 환경, 에너지, 교육 등의 부문이 결합하면서 나타난 새로운 융합 상품이나 파생 서비스라고 할 수 있다. 상위의 개념으로 다시 묶으면 문화·생태·교육·미디어 등의 패러다임에서 새롭게 의미를 부여받는 다양한 직업들일 것이다. 이런 일자리는 전통적인 사회복지와 달리 사회의 빠른 변화 때문에 생기는 새로운 사회 서비스며, 고학력의 이십대와 십대가 어느 세대보다 더 잘 발전시킬 수 있는 국제적이면서도 지역적인 커뮤니티 서비스 사업이라고 할 수 있다.

다니엘 벨이 말한 새로운 시대의 비물질적이고 초월적인 욕구는 여러 사회문제들이 상호 작용하면서 생기는 충족되지 못한 갈증에 대한 표현이다. 이런 복합적인 수요를 칸막이로 나누어 활동하는 개별 전문가들을 모아놓는다고 충족할 수 있을까. 아마도 갈수록 변화무쌍하게 뒤엉켜가는 사회문제들을 해결할 새로운 일자리는 이들에게서 나오지 않을 것이다. 여러 영역에 동시 접속하면서 광범위하고 신속한 네트워크로 대안적 지식과 행동을 찾아내는 새로운 몸과 정신세계의 소유자들, 바로 십대와 이십대들이 사이에서 나올 것이다. ***

나는야
프랑켄슈타인

미운 자식 떡 하나 더 준다는 속담이 있다. 이 속담을 자녀 망치는 계획으로 옮기면 이럴 것이다. 부모가 자녀를 품안에 싸고돌면서 무엇이든 제일 좋은 것만 넉넉하게 안겨주고 골치 아픈 문제는 부모가 다 알아서 해결해주는 프로그램을 성장기 내내 가동하는 것. 이런 속담도 있다. 젊어서 하는 고생은 사서도 한다. 이 속담을 자녀 잘 되게 하는 계획으로 적용하면 이럴 것이다. 적당히 어렵고 적당히 험한 세상 곳곳을 아이가 일찍부터 직접 부딪혀보고, 무엇을 하든 조금씩은 부족한 상태에 처해보고, 이를 헤쳐 나오기 위해 스스로 이것저것 시도해보는 환경으로 안내하는 것.

변화가 일상이 되어버린 사회에서 십대가 자발적이고 창의적

으로 잘 성장하는 방법을 딱 하나만 말하라고 한다면, 나는 이렇
게 말할 것이다. 십대들을 정답과 모범으로 짜여있는 교실에만
있게 하지 말고 우연한 일들의 연속인 현실에서 직접 문제들과
만나게 하고 그들에게 권한과 책임을 주라고. 그러면 십대 스스
로 생명력을 발휘하며 살아있는 이야기를 만들 것이라고. 왜냐
하면 십대에게는 세상과 현실이 곧 담장 없는 배움의 공간이자
시간이니까!

19세 관람 불가?

십대는 이미 깐깐한 소비자이고 구매력 높은 고객이며 다양한
콘텐츠 생산자로서 세상 구석구석을 활보하고 있다. 안타까운
점은 거의 해마다 바뀌는 교육 제도가 십대들의 세상사 경험을
살아있는 학습으로 연결하는 데에는 관심이 없어 보인다는 것이
다. 그런 까닭에 역설적이게도 교육 문제의 진짜 승부는 학교 밖
사회 곳곳에서 어른들이 십대를 만날 준비를 얼마나 하고 있느냐
에 달려 있다.

문제는 어른들이 부모, 교사, 사교육 강사가 아니면 십대와 일
대일 파트너십은 고사하고 멘토와 멘티 관계조차 맺기 어렵다는
데 있다. 직업상 십대를 만나는 경우가 아니면 어른들은 바빠서
자녀와 대화할 시간도 없다. 하물며 자녀가 아닌 십대를 멘티로
만나는 것은 상상하기도 힘들다. 이처럼 십대가 부모나 교사 말

고는 어른 친구 한 명을 구할 수 없다면, 그것은 십대들더러 '너희는 집-학교-학원만 다녀라'고 말하는 것과 같다. 골치 아프게 울타리를 넘어오지 말고 그 안을 쳇바퀴처럼 돌라는 것이다. 십대는 이미 세상을 폭넓게 돌아다니면서 어른들과 사회문제의 한복판에서 만날 준비를 하는데 어른들은 전혀 그렇지 않은 것이다. 이 괴리를 줄여야 한다. 한 가지 예를 들자.

텔레비전 프로그램을 보면 시작 전에 시청 등급이 나온다. '전체 시청가'부터 '7세 이상', '12세 이상', '15세 이상', '19세 이상 시청가'가 있다. 이 가운데 7, 12, 15세 이상 시청 가능 프로그램은 부모나 보호자가 동반 시청하면 그 미만의 나이라도 볼 수 있다. 그러나 이런 예외도 '19세 이상 시청가'에는 안 통한다. 19세가 되어도 생일이 지나지 않았으면 '19세 이상 시청가' 프로그램을 볼 수 없다. 또 생일이 지났어도 학생 신분이면 안 된다. 만약 십대 친구 둘이 '19세 이상 시청가' 프로그램을 보는데 둘 다 생일이 지난 만 19세라고 치자. 그런데 한 명은 학교를 다니고 다른 한 명은 학교를 안 다닌다면, 그런데 같이 봤다면 이는 규칙 위반이다. 너무 이상하지 않은가. 대체 누가 이런 이상한 규칙을 만든 걸까.

물론 어른들이 만든 것이다. 그것도 전문가들이 말이다. '청소년 보호와 육성'을 생각하고 연구하는 전문가들이 '그렇게 해서는 안 된다'는 규칙을 지침이나 시행령이나 법 등으로 만들었다.

그 틀을 잣대 삼아 십대를 사안별로 조각조각 연령대로 나눠서 이건 되고 저건 안 된다고 통보한 것이다. 십대 대부분이 개인 미디어를 갖고 온갖 세상사에 일상적으로 접속해서 살아가는 지금 '그렇게 해서는 안 된다'고 정해두면 과연 십대들이 끄덕끄덕 공감하고 따라줄까. 텔레비전으로도, 노트북으로도, 휴대폰으로도 얼마든지 볼 수 있는데 십대의 시청을 그런 방식으로 규제할 수 있다는 발상이 얼마나 비효율적인지는 건너뛰자.

대신 이것은 짚어봐야 한다. 어른들은 왜 '19세 이상 시청가' 프로그램에만 한층 까다로운 규칙을 적용하는 걸까? 아마도 '19세 이상 시청가' 프로그램이 주로 폭력과 성애를 다루는 이른바 성인물이기 때문일 것이다. 연령별로 조목조목 통제할 수 있다는 생각이 기술 발달과 미디어의 변화를 따라잡지 못하는 현실적 문제를 지적하는 사람도 있겠다. 하지만 본질적인 문제는 특정한 형식과 내용에 관해서만큼은 성인물이라고 빨간 테두리를 치고 청소년 불가 규칙을 적용하는 관성이다. 빨간 테두리 안에 있는 폭력과 성애의 표현이 십대에게만 유해하다고 보는 것이 문제다.

이상하지 않은가? 폭력적이고 선정적인 프로그램이 어른들에게는 유해하지 않고 19세 이하의 십대에게만 유해하다고 믿는다는 것이! 폭력을 미화하고 성을 상품화하는 것이 유해하다면 그것은 어른에게나 십대에게나 마찬가지다. 그럼에도 어른에게는

'19세 이상 시청가' 프로그램이 스트레스 해소용으로서 필요하고, 어른은 폭력성과 선정성을 여과할 수 있다고 주장한다. 그렇다면 십대도 그럴 수 있어야 마땅하고 또 그렇게 할 수 있도록 어른들이 도와줘야 한다. 그렇게 하지 않는 것은 어른들이 소위 성인물 프로그램의 폭력성과 선정성을 소비하는 문화 자체를 바꿀 생각이 없으니까 십대에게만 '너희는 그렇게 해서는 안 된다'고 이상한 규칙을 강요하는 것이다.

세상의 모든 일에서 연령주의에 따라 너는 몇 살이니까 괜찮고 너는 몇 살이니까 아직 이르고 하는 발상은 박물관에나 가 있어야 한다. 열 살 어린이가 인터넷을 통해 아빠의 주가가 떨어지는 걸 걱정하는 세상이다. 초딩 댓글이 무섭다는 말처럼 나이가 어리다 해도 세상만사에 의견을 내고 여론의 한 축이 될 수 있는 것이 요즘 세대다. 이런 현상에 대해 좋다 나쁘다 판단을 하기 전에 연령주의가 무의미해진 환경에서 살아가고 있는 십대의 실존을 우리 사회와 어른들이 인정해야 한다. 십대의 경험에 대해 있는 그대로 대화를 하는 것이 어른들이 할 첫 번째 일이어야 한다.

몇 살부터 청소년이라고 부를까

텔레비전 프로그램의 시청 등급을 예로 들었지만, 어른과 아이가 같이 못 볼 프로그램은 없다. 문제는 그것을 같이 보고 대화할 의지와 시간을 어른들이 준비하고 있는가이다. 안타깝게도 우리 어른들은 준비를 안 하고 있다. 준비를 안 하는 것은 팀 보울러처럼 십대를 자신의 원칙을 가지고 판단할 능력이 있는 존재라고 믿기 싫어서다. 여전히 십대를 미숙하고 위기 대처 능력이 없고 위험에 빠지기 쉽다고 간주하기 때문이다. 십대라는 존재를 온갖 규칙을 가지고 연령별로 낱낱이 해체시켜놓고 문제가 생기면 편의에 따라 대충 짜깁기를 하며 넘겨온 것이다.

청소년이라는 말도 그렇다. 영어로 하면 청년도 청소년도 모두 유스^{Youth}다. 청년과 구분해서 청소년이라고 따로 이름붙인 것은 19세기경 일본일 가능성이 높다고 한다. 지금 한자 문화권인 한·중·일 가운데 청소년이라는 말을 여전히 쓰고 있는 곳은 한국뿐이다. 그럼 우리 사회에서 청소년이란 존재가 어른들에 의해 어떻게 다뤄지는지 보자.

청소년 기본법에는 9세부터 24세 이하가 청소년이다. 청소년 보호법은 19세 미만이 청소년이다. 이런 식으로 보자면 형법, 민법, 선거법, 도로교통법, 병역법, 식품위생법, 근로기준법 등에서 청소년이나 '미성년'을 규정하는 나이 기준은 전부 따로따로다. 각종 법률을 종합해보면 청소년이라는 존재는 14세, 18세, 19세, 20세, 24세, 29세 등 각 분야의 전문가들 판단에 따라 조각조각 나뉘어서 따로 호명되고 있다.

이 정도면 심한 난도질이라고 봐야 하지 않을까. 덕분에 우리 사회의 청소년은 어른들이 정하는 법과 관행과 이익에 따라 마치

사지가 절단된 신체 조각들이 그때그때 필요에 의해 제각기 불려 나왔다가 다시 보관실로 돌려보내지는 실험실의 시체와 다름없는 처지다. 멀쩡하게 두 눈 뜨고 살아있는 십대에게 청소년이라는 말의 법적 기준들은 참 잔인한 짓을 하고 있다. 각종 법률만 놓고 보면 우리 사회의 청소년은 한 명의 개인으로서 세상과 관계하며 얻는 다양한 경험을 통합할 수 있는 기회를 결코 가져서는 안 된다. 그렇게 하는 청소년이 있다면 온갖 법률에 의해 중범죄인이 되어 있을 것이다.

사람이라면 누구나 자신의 경험을 통합할 수 있는 권한과 기회를 가져야 분열적인 상황에 놓이지 않고 건강한 정체성을 만들 수 있다. 그래야 사람으로서 숨을 쉬고 얼굴을 들고 살 수 있다. 그런데 어른들이 만든 온갖 규칙들에 의하면 도저히 통합적인 정체성을 가지고 살 수 없는 존재가 십대다. 마치 프랑켄슈타인 같은 짜깁기 괴물 신세가 지금의 십대인 것이다. 이 조각 저 조각을 가져다가 덕지덕지 붙여놓고 조잡하게 꿰맨 형상을 갖고 돌아다니니 누가 보아도 혐오감을 느낄 수밖에 없는 프랑켄슈타인처럼 청소년을 만들어놓고는 미래의 주인공으로서 꿈을 꾸고 살라고 권하는 어른들은 과연 어떤 심보일까.

이렇다보니 십대는 각자 알아서 요령껏 세상살이를 다 경험하면서도 어른들이 물어보면 "몰라요, 그냥요, 싫어요" 같은 몇 마디 말로 얼버무리는 처신술을 일찌감치 터득한 것인지 모르겠다.

십대를 이 세상과 격리시켜야 한다는 시대착오적인 생각에 빠진 어른들이 만든 이상한 규칙 때문에 십대들은 겉으로는 모른 척 하지만 속으로는 다 알고 있는 이중적인 생활을 한다. 하지 말라는 것은 안 하는 척, 실은 들키지 않고 얼마든지 하면서 말이다. 이것이 현실이다. 그러나 어른들은 거추장스럽고 보기에도 짜증나는 프랑켄슈타인 전신 가면을 십대에게 씌우면서 실험실 시체처럼 있으라고 한다. 이런 노릇이 언제까지 통하리라 믿는 것일까?

이미 통하지 않고 있다는 점은 누누이 말했다. 그럼에도 이런 이상한 이중 현실이 계속되는 데에는 어른들의 말 못할 어떤 사정이 있는 것 아닌가 하는 생각이 든다. 잠시 김행숙의 《창조와 폐허를 가로지르다》(2005, 소명출판) 중 '어린이의 탄생' 편을 살펴보자. 저자는 동서양을 불문하고 '어리다'는 말의 어원이 나이가 아니라 지적으로 부족한 상태를 가리켰다고 한다. 예컨대 훈민정음은 창제 당시 "어린 백성"을 위해 만든 것이라고 공표를 했는데 그 뜻은 '나이가 어린 백성'이 아니라 '어리석은 백성'에 가까운 뜻이라는 것이다. 그럼 어리석다는 뜻은 무엇이었을까? 바로 글을 읽고 쓸 줄 모르는 사람을 가리켰다.

알다시피 훈민정음 전까지 글은 오직 한자였고 조선은 신분제 사회였다. 양반 자녀로 태어난 누구는 십대가 되면 글을 배우고 깨쳐서 어리다 평가받지 않게 되고, 노비 자녀로 태어난 누구는 50세가 넘도록 글을 배우지 못해 어리다는 소리를 들었다. 훈민정음을 창제한 학자들과 이를 기획한 세종대왕은 조선의 백성이면 누구나 쉽고 정확하게 배울 수 있는 새로운 글을 만들어 모두가 어리지 않게 되기를 바란 것이다. 중학교까지 의무교육이고 중학생의 90퍼센트가 고등학교에 진학하고 고등학생의 80퍼센트가 대학교에 진학하는 요즘은 어쩌면 남녀노소를 불문하고 만백성이 어리지 않게 되기를 원했던 세종대왕의 뜻을 실현한 것인지도 모르겠다.

책에 따르면 서양에서도 '어리다'는 개념은 나이와 상관없이 누군가에게 의존하는 사람을 가리키는 말이었다고 한다. 17세기 이전 유럽에서 "주인Master에 대해 의존을 필요로 하는 모든 사람들, 예를 들면 종복, 직공, 군인 등등의 사람들이 모두 어린이(영어로는 Children, 프랑스어로는 Gercin)로 불려졌다"는 것이다. 이처럼 어리다는 말은 나이가 어린 사람이 아니라 나이가 많든 적든 누군가에게 의존해야만 살 수 있는 모든 사람을 가리켰다. 당시 상황을 고려하면 인생이 의존적이 된 데에는 글을 배울 기회를 갖지 못한 점이 컸을 것이다. 음식 장만부터 파티 진행까지 탁월한 솜씨의 종복도, 의류나 가구를 예술적으로 창조하는 직공도, 무기를 다루고 부대를 통솔하는 데 뛰어난 군인도 글을 몰라서 모두 주인 앞에서 어린 사람이 된 것이다.

이처럼 어리다는 말은 글을 읽고 쓸 줄 모르는 지적인 부족함에 덧붙여, 무엇보다 독립적으로 자신을 표현하고 책임지지 못해

주인에게 의존해야 했던 사람을 뜻한다. 이런 기준으로 보자면 조선 시대도 아니고 17세기 유럽도 아닌 정보화 사회가 된 한국의 십대와 이십대에게 어리다고 말할 수 있을까? 오히려 너무 어리지 않고 조숙해서, 알 것 다 알아서 문제라면 문제다. 결국은 누가 발신자가 되고 누가 수신자가 되어 '너는 어리다' 즉 '너는 지적으로 부족하고 의존적인 존재다' 라고 규정하느냐에 달려있다. 수신자가 그렇지 않은데도 발신자인 어른들의 일방적인 규정에 의해 지금 십대는 프랑켄슈타인이 되어있다.

저마다의 특별함으로

왜 우리 사회와 어른들은 이런 시대착오적인 심술을 이렇게나 오래 고집하고 있는 것일까? 최기숙의 《어린이 이야기, 그 거세된 꿈》(2001, 책세상)을 보면 이 땅에 전해오는 옛날이야기에는 어린이의 희생이 많이 나온다고 한다. 이를테면 아기가 태어났는데 겨드랑이에 날개가 있거나 혼자 천장이나 대들보에 오르는 비범함을 보인다고 하자. 그러면 "나라에서 알면 욕을 당하거나 역적으로 몰릴 거라고 생각한 아이의 부모나 친척, 선생, 동네 사람들이 아이를 살해"하는 등의 비극적인 이야기가 종종 등장한다고 한다. 저자는 이를 두고 "부모의 이성과 능력으로는 감당할 수 없는 무한한 가능성을 가지고 태어난 아이는 부모로 상징되는 기존의 관습과 제도, 신념과 가치 체계에 의해 그 힘을 박탈당한다"고 해석한다.

여기에서 말하는 "무한한 가능성을 가지고 태어난 아이"란 요즘 유행어처럼 1퍼센트의 수재들을 뜻하는 것이 아니다. 우리가 작정하고 발견하려고 들면 들수록 알게 되는 모든 아이들마다의 특별함이라고 봐야 옳다. 그런 아이들이 십대와 이십대로 성장해서 무한한 가능성을 꽃피우게 해야 할 터인데 우리 사회와 어른들은 몰라서 못하는 것일까 하기 싫어서 안 하는 것일까? "어른의 아이 살해는 곧 자기 내면의 가능성에 대한 검열로서의 처벌이자 결과적인 자해다." 최기숙의 설명을 듣자면 뜨끔한 기분이 든다. 어른들은 예전에 자신의 가능성을 스스로 포기했던 전력 때문에 십대의 무한한 가능성을 보는 즉시 억누르면서 "너희라고 별 수 있는 줄 알아? 하라는 대로 해"라고 말한다.

이렇게 어른들은 십대를 집-학교-학원으로 뺑뺑이를 돌려 진을 쏙 뺀 다음 시체 보관소에 가둬버리고 퇴근을 해버린다. 십대는 그때부터 슬슬 일어나 세상 곳곳을 배회하며 낮과 밤의 이중생활을 한다. 짜깁기 괴물로 탄생하고 버려졌음에도 인간의 언어를 배우고 나아가 이웃과 벗하기를 바라는, 그러나 누구도 받아주지 않아 비극적 최후를 맞는 프랑켄슈타인이 19세기 버전이라면 21세기의 십대는 어찌 될까? 아마 좀비가 될 것이다. 이런 환경에서 십대들이 자발적으로 촛불을 들고 존재감과 연대감을 표현했다는 것은 기적이다. 이 기운이 완전히 소멸하기 전에 십

대를 프랑켄슈타인에서 온전한 개인의 모습으로 돌려놓아야 한
다. 기회를 열어 주고 스스로를 책임질 권한을 부여하기만 하면
그것만으로도 기적은 계속될 수 있다. 문제는 십대에 대한 어른
들의 믿음에 있다. ***

학생이냐
소비자냐

서로 모르는 어른과 십대를 마주 앉혀 놓고 10분 동안 대화를 나누라고 하면 어떤 상황이 펼쳐질까? 입고 있는 옷이나 좋아하는 연예인, 스포츠 스타에 대해 이야기를 시작할 수도 있으리라. 관심 있는 시사 문제에 대해 논하거나 인생의 목표에 대해 이야기 할 수도 있다.

어쨌거나 무슨 대화가 오가더라도 어른들이 꼭 물어보는 질문이 있다. "학교 어디 다니니?" 그게 아니라면 "부모님은 뭐 하시니?" 이거나 "어느 동네에 사니?" 이다. 이 정도의 몇 가지 질문만으로 십대에 대해 대충 알 수 있다고 여긴다. 딱히 가족 관계나 생활 면면이 궁금하기보다는 부모의 직업이나 사는 곳으로 미루어 소득 수준을 짐작하는 습관 때문이다. 그것으로 학교 성적도

유추하고, 들어갈 수 있는 대학의 등급도 예측한다. 이처럼 여전히 우리 어른들은 "학교 다녀오겠습니다" 하고 집을 나가서 "학원 다녀왔습니다" 하고 집으로 돌아오는 학생으로만 십대를 대한다. 물론 십대 다수가 학교를 다니니까 학생으로 보는 것이 일면 당연하다. 하지만 십대를 학생으로만 보는 것은 십대에 대해 까막눈이나 다름없다.

과거의 십대와 지금의 십대

잠시 학교의 탄생과 학생의 정체성에 대해 살펴보자. 학교라는 제도는 처음부터 사회와 격리되어 특별하게 기획된 근대의 산물이다. 전근대적인 한 개인을 사회적, 국가적 근대인으로 길러내는 제도였다. 그곳에는 특별한 규율과 규칙이 존재했다. 이 세상과 딴판의 세계였던 것이다. 그래서 학생은 교문을 통과하는 순간부터 집이나 동네에서 하던 몸가짐과 전혀 다른 언행으로 자신의 신체와 정신을 재탄생시켜야 했다. 그것이 학교의 목표였다. 학교는 학생을 통제하는 가장 큰 힘을 갖고 있었다. 그러나 지금은 어떤가. 격세지감도 모자를 만큼 달라져 있다.

지금의 학교가 과거와 가장 크게 다른 점은 학교 안에 학교 바깥의 문화가 넘쳐난다는 사실이다. 학교 안과 밖을 엄격히 구별했던 경계선은 무너져 있다. 10년 전에는 학교생활에 '부적응' 하는 학생은 교실 창문 너머로 가방을 던져놓고 몰래 학교를 빠져나가곤 했다. 5년 전에는 '부적응' 학생들이 땡땡이를 치지는 않지만 교사가 주의를 주고 야단을 쳐도 막무가내로 떠들면서 교실을 점령했다. 지금은 어떨까? '부적응' 학생이 교실에 조용히 머물고 있다. 잠을 자거나 핸드폰에 열중하기 때문이다. 지금은 더 이상 학교가 학생들에게 지배적인 영향력을 행사하지 못한다.

지금의 십대는 과거와 다른 의미의 학생이며, 나아가 학생과는 별개의 다면적인 정체성을 갖고 살아간다. 과거의 십대는 학생이라는 비교적 단일한 정체성을 가졌다. 학교에만 나가면 부모가 누구며 무슨 직업을 가졌든 학생으로서 평등하게 지냈다. 집이 가난해서 낮에는 돈을 벌더라도 야간학교에 나가 공부를 하면 신분 상승이 가능하다고 믿었던 개천에서 용 나던 시절이 있었다. 반면 요즘은 어느 집 자녀인가에 따라 확연하게 다른 정체성을 갖는다. 같은 학교를 다닌다는 사실이 아니라 어떤 부모의 자녀인가 하는 사실이 십대의 정체성에 더 결정적인 영향력을 행사한다.

학생 정체성의 분열 및 약화와 동시에 십대는 소비자라는 신분으로 정체성의 변화를 겪어왔다. 기업들에게 십대 소비자는 중요한 고객이 되었다. 나아가 1318과 같은 청소년 시장에서뿐 아니라 부모의 구매 결정을 좌우하는 가족 소비의 대표자로 군림하게 되었다. 해외의 경우 자동차 기업들이 막대한 비용을 지출하면서 고등학교 순회 교통법규 교육을 한다. 십대에게 자사 이미지를 심고 미래의 고객으로 잡아두려는 것이다. 은행도 마찬가지 이유로 부모의 소득 수준과 자녀의 월 평균 용돈을 따져서 십대들을 위한 대출 상품을 선보이기도 한다.

우리 사회가 십대를 학생보다 훨씬 폭넓고 복합적인 존재로서 인식하기 시작한 계기는 1988년 서울 올림픽이었다. 당시 올림픽 구호가 "세계는 서울로 서울은 세계로"였다. 서울 올림픽을 계기로 1989년 해외여행 자유화 조치가 이루지고 1990년대로 넘어가면 본격적인 소비 사회가 펼쳐졌다. 근검절약의 사회에서 소비 사회로 변신한 것이었다. 무엇보다도 젊은이들의 소비가 눈에 띄게 늘었다. 이런 변화 속에서 십대를 학생이라는 틀만으로는 가둬둘 수 없었다. 문화적이고 사회적이며 글로벌한 차원의 새로운 관점과 이름이 필요했다.

이즈음 정부, 학계, 시민사회 등에서는 십대를 학생이라는 이름과 더불어 '청소년'이라는 이름으로 부르기 시작했다. 과거에 이 단어는 학교를 다니지 않는 십대를 가리키는 '불우한 근로 청소년'이나 예비 범죄인으로 간주하는 '불량한 비행 청소년'과 같은 부정적 의미로 쓰였다. 학생이 아닌 십대를 가리키는 보완적 이름에 불과했던 것이다. 그러다 학생이냐 아니냐는 이분법을 넘어서 모든 십대를 부르는 대표적 이름으로 거듭나게 되었다. 새롭게 부활한 청소년 개념에는 십대를 학교라는 제도 공간 안에 국한하지 않고, 개인적이고 사회적인 활동까지 포괄해서 살펴보려는 긍정적 시각이 담겨 있었다. 이로부터 십대를 자율과 자치의 관점에서 육성하려는 다양한 청소년 활동들이 시민사회, 학계, 정부 등의 민관 협력으로 촉발되기 시작했다.

그러나 안타까운 점은 청소년이란 단어의 재발견을 통해 십대를 독립적이고 사회적인 개인으로 데뷔하게 하려던 시도들이 산발적인 실험 이상으로 나아가지 못했다는 점이다. 여기에는 십대를 프랑켄슈타인으로 만드는 어른들의 법률과 관행이 시대착오적인 철옹성으로 그대로 있었다는 점과, 서울 올림픽 전후의 경제 호황이 짧게 끝나면서 1992년 '서태지와아이들'의 등장과 함께 표출되었던 십대들의 문화적인 자유 선언이 선언 이상으로 나아가지 못했던 점 등이 작용했다. 특히 1997년 IMF 금융 위기 이후 사회는 《부자 아빠 가난한 아빠》(2000, 황금가지)로부터 《아무도 남을 돌보지 마라》(2009, 낮은산)까지 흉흉하게 치달으면서 십대에 의한 주도적인 청소년 담론과 기획은 주변부로 밀려났다.

학생인가 소비자인가

낙후된 학생 정체성과 부진한 청소년 정체성 사이에서 십대들의 존재가 갈팡질팡하는 동안, 시장만큼은 거의 아무런 제약을 받지 않고 성장했다. 시장만큼은 십대에게 마음껏 욕망하고 자아를 실현할 수 있는 매력적인 무대였다. 덕분에 서울 올림픽 이후 십대를 대상으로 하는 시장은 문구류, 의류, 음반 같은 중저가 상품을 다루는 학교 앞 구멍가게 차원을 넘어섰다. 휴대폰, MP3, 디지털 카메라, 노트북 등 고가의 개인 미디어 시장과 생활 전반의 브랜드화에 따른 고가 브랜드 시장에서 십대는 무시할 수 없는 막강한 소비자 집단이 되었다. 나아가 미래의 고객을 잡기 위한 경쟁에 뛰어든 기업들은 당장 구매 능력이 안 되는 십대들에게 주택, 레저, 자동차, 금융 등의 상품 정보와 이미지를 쏟아내고 있다.

한편 십대의 소비와 관련해 적잖은 사건과 논란들이 있었는데 이를 둘러싼 여론을 보면 부정적인 묘사가 많았다. 신문 방송은 유흥비 마련을 위해 강도짓을 하거나 게임기를 사려고 부모 신용카드를 몰래 쓰거나 혹은 부모를 살해한 엽기적 패륜아 사건들을 단골 소재로 다루었다. 대부분 부모에게 받는 용돈으로 소비하는 십대의 무분별이나 무절제에 초점이 맞추어져 있었다. 소비자로서도 십대는 건전하게 소비할 줄 모르는 어린이 취급을 받아온 것이다. 한편에선 대대적인 광고를 통해 십대를 유혹하고, 다른 한편에선 절제할 줄 알아야 한다고 십대를 훈계하는 것이 어른들이 하는 오른손과 왼손의 일이다.

그러나 어른들의 일방적인 생각처럼 십대가 시장의 마케팅에 수동적으로 좌지우지되는 것은 아니다. 단적인 예가 십대의 촛불이다. 이들 평범한 십대가 거리로 나온 것을 두고 교과서에서 민주주의를 학습했기 때문이라거나 무슨 이익집단처럼 압력을

행사한 것이라고 보는 것은 지나친 단견이다. 이보다는 정치적
민주주의를 위해 싸웠던 소위 386세대와 달리 지금의 십대는 일
찍부터 소비자로서 익힌 권리 의식과 또래 네트워크 때문에 소비
주체로서 등장한 것이라는 분석이 더 설득력 있다. 소비 주체라
는 말을 주의해서 써야 하겠지만, 나는 이들 십대가 학생으로서
도 청소년으로서도 돌파구가 보이지 않는 가운데 시장의 소비자
로서 자신의 정체성을 계속 변형하고 진화시켜 나가고 있다고 생
각한다.

　다른 예를 들어보자. 요즘엔 다들 미니홈피나 블로그를 가지
고 있지만 〈청소년문화의 새로운 개념정립에 따른 정책연계방
안〉(2004, 문화관광부) 연구에 참여해서 '인터넷, 모바일, 청소년
문화활동'이라는 글을 쓸 그때만 해도 십대와 이십대의 온라인
활동은 주로 카페에서 이루어졌다. 당시 자료를 구하기 위해 만
난 한 포털 사이트 카페 관리 팀장의 이야기가 아직도 생생하다.
당시 해당 포털 사이트의 카페 수는 총 280만 개고, 회원 가입자
는 총 2,400만 명인데 그중 십대는 35.7퍼센트로 856만 명을 넘
는다는 이야기였다. 놀라운 점은 카페 시샵, 즉 카페를 개설했거
나 운영하는 관리자들 중 십대의 숫자가 100만 명이 넘는다는 사
실이었다.

　2004년 당시 온라인 카페를 운영하고 관리하는 십대가 100만
명이 넘을 만큼 거대한 규모였다는 사실을 어떻게 받아들여야 할

까? 과연 교사와 부모는 내 학생과 내 자녀가 그런 활동을 하고 있었다는 사실을 인지하고 있었을까? 아마 몰랐을 것이다. 알았다 해도 입시를 빌미로 공포감을 조성하거나 겁을 주면서 공부나 하라고 했을 것이다. 혹은 아직 어린 너희가 뭘 알고 하겠느냐고 중얼거리면서 지나쳤을지도 모른다.

하지만 2004년 그때나 지금이나 어른들의 몰이해와 착각에 아랑곳하지 않고 십대는 이미 저만치 진도를 나가면서 십대 소비자 정체성에서 다양한 모습을 보이고 있다. 대중적 코드를 쫓아가거나 어른들 흉내를 내며 충동 소비를 하지 않고 사소한 정보에서 중요한 이슈까지 꼼꼼하게 걸러내는 십대 전문 소비자들도 많아지고 있다. 이는 어쩌면 당연한 귀결이다. 지금의 십대는 과거 어느 세대도 겪어보지 못한 쌍방향 네트워크를 통해 일찍부터 시장에서 똑똑하고 깐깐한 소비자로 살아남는 방법을 터득하면서 컸다. 이런 십대들이 또래의 수평적 커뮤니케이션을 통해 스스로 필요하다고 느끼는 현안에 대해 즉각 행동에 나서는 것은 당연하다.

소비자인가 시민인가

문제는 십대가 소비 주체가 되었다는 말을 거슬려하는 어른들에게 있다. 이 말이 마음에 안 든다면 자발적 학습 주체라는 말은 어떨까? 그러자면 십대를 경제 · 사회 · 문화 · 정치의 모든 영역에서 자신의 행동과 주장을 책임질 수 있는 자발적 학습 주체, 즉 시민으로서 인정하고 그럴 수 있는 선택의 기회를 폭넓게 주어야 한다. 그런 무대가 제공되지 않으면 십대는 여전히 입시 공부하는 기계로만, 배후가 의심스러운 촛불이나 들고 있는 존재로만 인식될 것이다.

이렇게 자발적 학습 주체, 즉 시민으로서 살아갈 길을 열어주지 않은 채 십대에게 학생이냐 소비자냐 묻는다면 대답은 당연하게도 소비자일 것이다. 학생도 교육 소비자이다. 사교육 시장의 소비자인 십대가 공교육 현장에서 교육 소비자로서 권리를 주장하는 것은 결코 지나친 일이 아니다. 이는 선생님들이 전교조를 만들면서 "교사는 교육 노동자다"라고 선언한 것과 같다. "학생은 교육 소비자다"라고 말한다고 해서 교육의 신성함이나 배움의 가치가 훼손되는 식으로 반응하는 것은 억지다.

또한 십대는 이미 학생과 소비자일뿐 아니라 저임금 파트타임 노동자로, 여러 분야에서 콘텐츠를 만들어내는 생산자로 이 나라 경제에 깊게 참여하고 있다. 나아가 각종 이슈에 대해 여론을 형성하고 행동하는 시민 사회의 한 세력이기도 하다. 창업을 해서 직원들에게 월급을 주고 세금을 내는 십대도 있다. 이런 십대들에게 시민의 자리를 내어주고 시민의 한 사람으로 마주하는 것이 어른들에게는 왜 그렇게 어렵고 있을 수 없는 일처럼 인식되는 것일까? 변명을 빼면 다른 이유가 없다. 이유란 오직 하나, 그렇게 안 해 버릇했다는 점 말고는 없다.

　스스로도 소비자라고 여기는 십대에 대해 학교가 살아 있는 터전으로 거듭나지 못하는 한, 정책을 결정하는 데 십대를 한 명의 시민이자 유권자로서 참여하게 만들 용기를 내지 않는 한, 십대들이 학교를 비롯한 공공 영역에서 자기 나름의 방식으로 게릴라처럼 치고 나왔다가 사라지는 현상은 계속 일어날 것이며 누구도 막지 못할 것이다. 그런 과정을 반복하면서 서로 지쳐 나가떨어지지 않으려면 십대를 조금만 도와주면 된다. 대통령을 뽑는 선거에서, 교육감을 뽑는 선거에서, 국회의원과 지방자치의원을 뽑는 선거에서 십대에게 정치적 권한을 부여하는 것은 의외로 간단하고 손쉬운 도움에 속한다. 더 중요한 도움은 어른들이 저마다의 인생 현장에서 '사회'와 '경제'의 파트너로서 십대를 인정하고 파트너십을 실천하는 것이다. 그렇게 하면 어른들도 십대의 또 다른 모습과 만나면서 잃어버렸던 자신의 꿈을 되찾게 될 것이다. 어른들이 꿈을 되찾아야 하루하루 사는 게 놀이처럼 재미를 더할 수 있다. 꼭 대의 때문이 아니다. 그런 재미 때문에 세상을 창의적으로 바꾸는 것이다. 의식을 하지 않고도 저절로 바뀌는 것이다. ***

핫, 쿨, 웜 세대

'새로운 시대'의 십대라고 장점들만 한데 잘 모인 무균질 체일 리 없다. 사람은 누구나 장단점이 있고 강점과 약점이 있다. 중요한 것은 그것들이 어떻게 하나의 유기체로 작동하느냐이다. 내면의 천사와 악마가 악수를 하며 협력하는지, 아니면 한 쪽이 박멸될 때까지 싸우는지, 아예 상관없이 따로 노는지 하는 선택의 차이가 있을 뿐이다.

지금의 십대는 앞선 세대가 겪어보지 못한 새로운 문제를 안고 등장했다. 그것은 부모 세대들이 성장하면서 겪어보지 못한 종류의 낯선 문제이다. 그렇기 때문에 어른들은 자신의 문제를 해결했던 방식으로는 십대 문제를 해결하기가 어렵다는 점을 겸허하게 인정하고 출발해야 한다.

십대가 겪는 새로운 문제를 이해하기 위해 일본의 정신과 의사 오히라 겐의 《새로운 배려-젊은 그들만의 코드》(2003, 소화)에 나오는 발상을 빌려보자. 이 정신과 의사는 요즘 젊은 세대가 자신에게 와서 상담하는 고민의 태반이 예전 같으면 가족, 교사, 선배, 친구, 상사 등 주변 사람과 대화를 통해 풀었던 것들인데 그것을 회피하거나 생략한 채 바로 정신과에 찾아오는 이유에 대해 주목했다. 그는 자신의 임상 경험을 통해 젊은 세대가 겪는 새로운 문제를 정의했다.

십대, 그들만의 코드

오히라 겐은 사람 사이의 소통과 교제 과정에서 세대별로 상대를 배려하는 마음 씀씀이가 어떻게 다른지를 키워드로 삼았다. 핵심은 관계라는 거울을 통해 형성되는 자아 이미지였다. 그가 쓴 표현에 착안해서 세대를 일반화하면 관계 맺기의 유형에 따라 핫 Hot, 쿨Cool, 웜Warm 세대로 나눌 수 있다. 이 구분법을 잘 이해하려면 조한혜정 교수 등이 함께 쓴 《가족에서 학교로 학교에서 마을로》(2006, 또하나의문화)에 실린 모현주와 이충한의 글 '차가운 근대에서 따듯한 근대로-핫·쿨·웜 세대 간 소통'을 참고하기를 권한다. 모현주와 이충한에 의하면 우리 사회에서는 "토건국가적 기성세대를 뜨거운Hot 사람들, 근대의 끝자락에서 잠시 나타났다 사라진 개인주의 지향적 세대를 차가운Cool 사람들, 그리고 현재의 포스트 토건국가 세대를 미지근한^{Warm} 사람들"로 설정한다.

이를테면 핫 세대는 지하철 좌석에 어린 것이 앉아 노인에게 자리 양보를 안 하면 "이놈!"하고 야단을 친다. 혼자 밥 먹는 젊은이를 보면 "그럼 사회생활 못하지"하고 일방적으로 훈계를 한다. 핫 세대는 한국전쟁을 겪었거나 폐허 위에서 한강의 기적이라 불리는 고속 성장과 함께 청춘을 보낸 세대다. 전쟁을 치루면서 사람을 죽이는 참상을 목격했고 이후에는 가난한 나라에서 죽기 살기로 허리띠를 졸라매고 '잘 살아보세'를 추구한 세대로서 '하면 된다'는 믿음이 강하다. 부지런히 일하고 열심히 공부하면 못 이룰 것이 없다고 생각한다. 이들은 현재 오십대 중후반 이상의 노년층 전반에 걸쳐 있다.

전형적인 쿨 세대를 꼽자면 1980년대에 청년기를 보낸 386세대를 들 수 있다. 넓게 보면 현재 삼십대 중후반에서 오십대 초반에 걸친 연령대이다. 이들은 전쟁과 가난 속에서 '잘 살아보세'라며 경제 성장을 추구한 부모 세대가 부정부패도 불사하면서 '하면 된다'로 일관해온 성장 논리를 비판적으로 바라본 첫 세대다. 경제적 풍요와 민주화 속에서 '하면 되는 것과 하면 안 되는 것'을 합리적으로 구분하려고 한 세대다. 이들 세대는 지하철 좌석에 앉아 있는데 노인이 앞에 서 있으면 어떤 반응을 보일까? 아마도 이들은 자리를 양보해야 한다고 느끼면서도 내 돈을 내고 탔으니 내 탓은 아니라고 생각할 것이다. 오히려 이런 상황은 지하철 운영 문제 때문이라고 생각할 것이다. 이들은 혼자서 밥 먹는 것도 잘 한다.

이에 비하면 웜 세대, 지금의 십대와 이십대는 이렇다. 지하철 좌석에 앉아서 가는데 앞에 노인이 서 있다면 보고도 못 본 척 하고 그냥 앉아서 간다. 자리를 양보하면 노인 취급을 하는 것이 되기 때문에 노인의 기분을 상하게 할 수 있다고 생각하고 배려하는 것이다. 이는 오히라 겐에게 상담을 받은 어느 일본 고등학생의 실제 사례이다. 이들 십대는 혼자 밥 먹는 친구를 봐도 역시 못 본 척하고 지나가는데 이유는 아는 척을 하면 부담을 줄까봐 그런다는 것이다. 핫 세대나 쿨 세대의 어른들에게는 이런 십대들이 미지근한Warm이라는 말 그대로 이도저도 아닌 애매한 모습으로 보일 것이다.

이렇게 상대를 배려하는 마음 씀씀이에서 차이를 보이는 세 가지 유형은 부모와 관계를 맺는 데에서도 다르다. 예컨대 핫 세대는 부모가 원하는 대로 하거나 미리 알아서 부모가 원할 것 같은 일까지 다 했다. 쿨 세대는 부모가 원하는 바가 무엇이든 결국 자신이 원하는 대로 해서 잘 되는 것이 부모도 바라는 것이라고 합리화를 시킨다. 그렇기 때문에 나중에 핫 세대는 부모를 원망하기도 하고, 쿨 세대는 결국 무엇이 더 바람직한 것이냐며 부모와 다투기도 한다. 반면 웜 세대는 부모가 원하는 것이나 자신이 바라는 바가 기준이 되지 않는다. 오히려 부모를 실망시키지 않고 부모의 체면을 지켜주는 것에 동기를 둔다. '네가 하고 싶은 것을 하라'고 해도 별반 반응을 보이지 않으니 부모가 보기에 언제나 순종적인 자녀로 남아있다. 이런 웜 세대에 대해 모현주와 이충한은 이렇게 해석한다.

"이들은 핫한 사람들의 일방적인 소통 방식에 거부감을 느끼지만, 쿨한 사람들처럼 견고한 자아를 구성하지도 못해 어중간하게 웅크리고 있는 형태의 방어적인 소통 방식을 취한다. 이들은 말이나 행동에 앞서 상대방의 감정을 먼저 고려하지만, 그것이 기본적으로 자신의 확고한 가치관이나 열린 소통에 기반을 둔 것이 아니기 때문에 빗나가는 수가 많고, 따라서 배려하는 의도조차 인정받지 못할 때가 많다."

십대들도 사회적 알리바이가 필요하다

웜 세대가 어떤 연유로 이렇게 되었을까? 간단히 살펴보면 이렇다. 지금의 십대는 핫 세대처럼 '하면 된다'는 정신 무장 아래 가난을 극복해본 것도, 쿨 세대처럼 평생직장의 안정감을 누리면서 기성 사회와 부모 세대에 반발하여 민주화 투쟁으로 승리를 맛본 것도 아니다. 핫 세대와 쿨 세대는 서로 다른 시대 환경에서 다른 사회적 관계 맺기를 해왔지만 그럼에도 두 세대의 공통점은 무언가를 성취해봤다는 경험이 있다는 점이다. 그것도 자기 인생의 무엇인가를 희생하면서 얻은 성취인지라 사회의 어떤 혜택을 누릴 수 있는 자격, 즉 사회적 알리바이를 가졌다는 점에서 같다.

　반면 지금의 웜 세대가 자란 환경은 너무나 다르다. 그들은 1997년 IMF 경제위기 이후 위험 사회, 양극화 사회, 고용 없는 성장 사회, 무한 경쟁과 승자 독식의 사회가 갈수록 심해지고 견고해지는 것을 목격하며 성장했다. 자기 한 몸 건사하기도 벅찰 만큼 숨 가쁜 생존의 게임에 사회적으로 아무런 대책도 없이 내던져진 그들에게는 '하면 된다'는 핫 세대의 생각은 신화처럼, '하면 되는 것과 하면 안 되는 것'을 구분하는 쿨 세대의 생각은 여유나 사치처럼 다가온다. 요컨대 지금의 십대는 앞선 세대처럼 사회적 알리바이를 만들어볼 사회적 여건을 가져보지 못한 채 처음부터 부모의 그늘 아래에서 개별적으로 살아남는 처신술을 익히며 자랐다고 볼 수 있다.

　여기서 사회적 알리바이란 다른 것이 아니다. 거창하게 보면 독립운동이나 경제 성장이나 민주화 운동을 했다는, 좁혀서 보면 자신이 속한 작은 공동체를 위해 무엇을 했다는, 개인의 먹고 사는 일을 넘어 좀 더 큰 세계에 속해봤다는 집단 자의식을 뜻한다. 그리고 그런 자의식을 표현했을 때 다른 세대의 공감과 사회적 지지를 받아본 경험을 가리킨다. 먹고 사는 일보다 대의명분이 중요하다는 말이 아니다. 자아라는 틀에서 벗어나 더 큰 세계와 적극적인 관계를 맺으면서 존재감의 확장을 경험해봤느냐, 그걸 통해 사회적인 쓸모가 있는 자아의 효능감이나 권능감을 맛보았느냐 여부가 세대와 개인의 자의식에 큰 영향을 끼치는 중요한 변수가 된다는 말이다.

경제 성장이나 민주화 운동 같은 커다란 외부 과제가 선명하게 보이지 않는 현재의 사회적 조건에서는 십대가 더 큰 세계와 만나 자아 존재감을 확장시키는 따위의 체험을 하는 것이 쉽지 않다. 그래서 더욱더 세심하고 따뜻한 동반자의 도움이 필요하다. 십대의 자발성이 어떻게 막혀있는지, 어떻게 막힌 혈을 풀어줄지 잘 살펴야 한다.

" '웜' 한 관계 맺기는 '믿음과 신뢰, 돌봄이 사라진 시대' 의 관계 맺기 방식"이라는 저자들의 인식처럼 이들에게 필요한 도움의 핵심은 '신뢰의 회복'이다. 믿음으로 대한다는 것이 무엇인지를 느끼게 하고, 서로를 돌보는 관계를 통해 너와 나의 인생이 행복해 질 수 있다는 경험을 할 수 있도록 환경을 만들어야 한다.

폐허에서 기적을 일으키고 개천에서 용이 났던 과거의 경험으로 핫 세대 어른들은 웜 세대를 향해 이렇게 단정하고 있을지 모르겠다. '요즘 애들은 대체 뭘 해보겠다는 의지도 없고 끈기도 없다' 라고. 그러면 웜 세대는 소통의 문을 더 걸어 잠그고 미지근한 상태로 가라앉을 것이다. 쿨 세대의 부모들은 이렇게 말하고 있을지도 모른다. '갈수록 위험천만하고 경쟁이 치열한 세상에서 스스로 뭘 해보겠다고 시간 낭비하지 말고 넌 그냥 내가 권하는 좋은 것만 해' 라고 말이다. 부모로서 자기 나름대로 합리적인 예측과 판단 아래 자녀의 미래를 위해 열심히 노력하고 있다고 여겨서 하는 말일지도 모른다. 그러나 그것은 부모가 좋다고 생각한 것들만 골라서 한 아름씩 안기는 대리 집행인이 되어 자녀를 꼭두각시로 만드는 일이다. 부모의 체면을 생각하는 십대는 부모의 권장 목록을 소화하기에도 벅차기에 그 틀 안에 주저앉아 서서히 질식 상태로 빠져들게 될 것이다. 박진영의 표현을 빌면 이것이 바로 자녀의 창의력을 말살해버리는 일이다.

이런 일들이 바로 우리가 경계해야 할 것들이다. 문제에만 주목한 채 그 안에 있는 해결의 씨앗을 보지 않고 자신들의 지난 경험과 이해타산만 앞세우면 십대는 시행착오를 통해 깨지면서 창의적인 해법을 찾기보다는 방어 태세를 취하면서 퇴행의 길로 도주할 것이다. '하면 할수록 망친다'는 체념에 더 깊게 빠져들고 '차라리 아무 것도 안 하는 게 더 낫다'는 처세술로 자신의 잠재력을 영영 미개봉 상태로 봉인할 것이다. 이렇게 고착되는 것은 어쩌면 십대 폭동이라도 일어나서 늦게나마 십대들의 온갖 문제점들이 터져 나오는 것보다 실은 더 경계해야 할 최악의 시나리오다.

그러기 전에 생각을 달리해 보자. 문제란 곧 가능성의 다른 이름이다. 십대들이 안고 있는 문제 해결의 씨앗도 그 문제 안에 새로운 모습으로 존재한다. 지금의 부모 세대도 그랬다. 그들이 발휘한 가능성은 바로 그들 세대가 겪은 문제로부터 비롯된 것이다. 전쟁과 폐허라는 삶의 문제 속에서 핫 세대의 '하면 된다'는 도전 정신이 발휘되었고, 경제 성장과 민주화의 여러 문제들 속에서 쿨 세대의 '하면 되는 것과 안 되는 것'이라는 합리성이 발휘되었다. 마찬가지다. 지금의 십대들이 겪는 새로운 문제에서 그들의 가능성이 나올 수 있는 해결의 실마리를 잡으면 된다. 그리고 실마리는 그냥 보이는 게 아니다. 십대의 가능성을 포착하고 그것을 의미 있는 일로 연결할 수 있는 일상적인 파트너십이 있어야 보인다.

일단 만나보면 할 일은 많다

다시 저자들의 의견에 귀 기울여보자. "관계에 목말라하고 상대방에 대한 감수성이 뛰어나다"는 웜 세대에게는 "관계와 네트워크에 대한 경제적, 시간적, 정서적 투자"가 우선이라고 역설한다. 따라서 이런저런 물질적인 인프라에 앞서 "관계 회복을 위한 커뮤니케이션 채널"이 더 중요하다고 강조한다. 이런 채널을 통해 "온도를 약간 높일 수 있는 조금의 열(핫)과, 문제와 부딪혔을 때 가끔씩 거리를 두고 상황을 관계 밖에서 생각해볼 수 있는 소량의 냉철함(쿨)"을 제공한다면 십대 스스로 잘 할 것이다. 자신의 장점은 더 살리고 단점은 핫 세대와 쿨 세대의 장점으로 극복할 것이다.

오히라 겐의 지적대로 웜 세대 문제의 본질은 갈등을 피하려다

보니 관계를 아예 안 맺는 것이고, 상처받지 않으려다보니 타인에 대한 관계의 욕구를 후퇴시키는 것이다. 사람이 그렇게만 살면 성장과 발전이란 있을 수 없다. 그러니 웜 세대에게 핫 세대의 "조금의 열(핫)"과 쿨 세대의 "소량의 냉철함(쿨)"과 조합하여 서로 갈등을 빚고 상처를 주고받아보았더니 괜찮더라는, 아니 더 좋아졌다는 경험을 맛보게 하자. 이 경험의 핵심은 나의 약점을 꺼내놓고 내가 바라는 바를 요청하고 도움을 받아들이는 관계 방식의 변화에 있다.

더불어 어른들도 약점을 인정하고 웜 세대의 장점으로부터 도움을 받아야 한다. 그렇게 함께 첫걸음을 내딛자. 그러면 다니엘 벨이 "새로운 시대에는 인간관계를 구축하고 상대의 감정을 세심하게 읽는 감성의 소유자들이 각광을 받는다"던 예측이 실현되는 풍경을 목격할 것이다. 진중권과 사이토 다마키가 주목한 정보적 신체와 해리형 자의식을 가진 십대가 자신들의 인생을 창의적으로 바꾸는 모습을 지켜보기까지 많이 기다리지 않아도 될 것이다. 폐허에서 일어난 핫 세대의 역전 경험과 맨몸으로 민주화 운동을 일으킨 쿨 세대의 삽질 경험이 십대의 세심한 배려의 경험과 만나면 시너지를 낼 일이 한두 가지가 아니다. 어른들이 바쁘다고 십대를 만나지 않아서 그렇지 일단 만나보면 같이할 일은 우리 주변에 너무나 많다. ***

스펙하고
맥잡하고

새로운 길을 개척하는 십대와 어른들이 곳곳에서 생겨나고 있지만, 여전히 많은 부모는 내 아이만 뒤처지면 어쩌나 하는 공포에 사로잡혀서 경쟁 만능, 시장 만능, 돈 만능의 벼랑으로 우르르 휩쓸려간다. 그렇게 해서 첫 관문인 입시를 통과해 대학생이 된 이십대 청춘들은 나름 혼자 생각과 힘으로 뭔가를 이루려고 애를 쓴다. 하지만 그럴수록 다음 두 가지 덫에서 허우적거리게 된다. 이것이 우리 사회의 이십대가 맞고 있는 우울한 현실이다.

하나는 스펙spec하는 덫이고 또 하나는 맥잡MaJob하는 덫이다. 스펙은 스페시피케이션specification의 줄임말로 성능을 나열하는 명세표나 설명서를 뜻한다. 주간지 〈뉴스메이커(현재 주간경향)〉

2004년 12월 10일자 기사를 보자.

"취업 준비생들은 출신 학교와 학점, 토익 점수와 자격증 소지 여부, 그리고 해외 연수나 인턴 경험 유무 등을 종합해 '스펙'이 란 두 글자로 줄여 부르고 있다. 대학 시절 동안 자신이 확보할 수 있는 외적 조건의 총체가 스펙인 셈이다."

요즘에는 스펙을 대학생 취업 5종 세트라는 말로 부르기도 한다. 5종의 구성은 경우마다 조금씩 다르겠으나 스펙이란 결국 자신의 성능 명세표에 누가 더 많은 기능을 추가하는지 경쟁하는 수집 열풍을 의미한다.

네 스펙은 어때

나만 뒤쳐지는 것 아닌가 싶어서 자신의 시간과 정열을 점점 더 퍼붓게 만드는 취업 준비생들의 부적 같은, 일종의 물신^{fetish}이 스펙이다. 이렇게 너도나도 취업 5종 세트를 갖추다보니 이것 없는 이십대는 거의 없다. 그러다보니 6종 세트로, 7종 세트로 넘어간다. 나아가 8종, 9종 세트로 무한번식하고 있으나 모두가 경쟁적으로 같은 레벨의 스펙을 따라잡으니 언제나 평준화되어서 변별성이라곤 사라진지 오래다. 그럼에도 기업은 여전히 스펙을 보고 취업의 당락을 가르고 있다. 말로만 창의적 인재가 없다고 혀를 차는 것이다.

스펙은 이거라도 없으면 어쩌나 하는 청년 세대의 공포를 볼모로 잡고 뺑뺑이를 돌리는 속임수와 같다. 하다 보니 이 놀음의 판 돈이 너무 커졌고 너도나도 조금씩은 다 돈을 걸어놓은 탓에 당사자들은 선뜻 발을 못 빼고 있다. 결국 이 속임수에서 어르고 뺨 때리고 북 치고 장구 치며 돈을 가져가는 것은 스펙 관련 사교육 업체들이다. 이 굿판을 지켜보다가 최종 승자만 데려가서 그들의 창의성을 일회용 건전지처럼 써버리는 것은 주로 대기업들이다. 그리고 판판이 속아서 돈 버리고 몸 버리고 마음 버리는 건 이십대 청년들과 부모들이다.

스펙 쌓기 경쟁에서 골병들기 전에 빠져나오기가 단계적으로 가능하다고 생각하면 착각이다. 단번에 선을 긋고 나와서 일정 기간의 금단 현상을 참으면서 몸과 정신 상태를 바꿔내는 길 외엔 없다. 스펙 쌓기는 노름처럼 강한 중독성을 요구하기 때문이다. 이런 결심과 행동을 혼자서 멋지게 해내는 것이 쉽지 않기에 친구와 더불어서 또는 그런 경험을 먼저 해본 선배의 도움을 받아서 여럿이 으랏차차 하면서 벗어나야 한다. 이십대의 가장 큰 약점 가운데 하나는 뭐든지 혼자서 해내야 한다는 강박증에 있다. 세상 일 중에서 혼자서 할 수 있는 것은 거의 없는데도 말이다. 인생 잘 살려면 반드시 남 도움을 받아야 된다. 이것 말고는 없다.

박 기자, 맥도날드에 위장취업하다

다음으로 맥잡을 살펴보자. 맥잡은 맥도날드^{Mcdonald}와 잡^{Job}을 합친 말이다. 이 단어는 시장과 돈이 최고며 경쟁으로 만사를 해결하리라는 식의 시장만능주의가 기승을 부리기 시작하던 1980년대에 미국에서 처음 사용되었는데, 패스트푸드점 같은 곳의 저임금 단순노동을 가리킨다. 2001년에는 영국 옥스퍼드 온라인 사전에 등재되기도 했다. 이십대가 사회에 처음 나와 하는 일에는 맥잡이 많다. 스펙을 쌓으려니 대학 등록금이나 사교육비를 마련해야 하고 그래서 알바를 하는데 이때 처음 맥잡을 만난다. 그리고 졸업 후에는 정규직이든 비정규직이든 남이 시키는 일을 하다 보면 그것이 맥잡을 닮아있다는 것을 경험하게 된다.

주간지 〈시사IN〉의 박근영 기자는 맥도날드 매장에 '위장취업' 한 체험담을 2009년 4월 4일자 기사로 소개했다. 기사를 보면 함께 놀면서 인생의 창의적인 길을 모색하기에도 바쁠 이 절호의 시기에 각자 골방에서 스펙하며 청춘을 보내다가 맞게 되는 직업이 결국 사람을 어떻게 취급하는지 잘 보여준다. 스펙의 '묻지마' 경쟁 뒤에는 맥잡의 '묻지마' 일이 기다리고 있다는 것이 요지이다. 기사 내용을 맥잡 7종 세트로 재구성해서 소개한다. 이 일곱 가지를 보면 맥잡이 비단 맥도날드에만 있는 것이 아니라 이 세상의 거의 모든 일과 노동에 스며들어있는 좀비 바이러스 같은 것이 아닌가 싶다.

1. 맥잡은 당신이 어떤 사람인지 관심도 없고 묻지도 않는다.

상조회사의 광고로 유행어가 된 말처럼 묻지도 따지지도 않는다. 맥잡은 면접을 볼 때 '넌 누구냐?' 는 물론이거니와 학력, 나이, 전공, 경험 등 스펙 같은 것도 일체 따지지 않는다. 즉 당신에 대해 알려고 하지 않는다. 그저 당신의 몸과 시간만 투입되면 된다.

2. 맥잡은 당신을 믿지도 않거니와 의심을 할 일도 애당초 안 만든다. 맥잡에서 일하면 주머니가 없는 유니폼 바지를 입는다. 도난 방지를 위해서다. 일하는 동안은 휴대폰이나 개인 사물함 열쇠 같은 것 역시 갖고 있을 수 없다. 그러니 맥잡에서 일할 생각이라면 인간적 신뢰감을 주려고도, 받으려고도 하지 말아야 한다.

3. 맥잡은 당신의 인간적인 능력이나 색다른 재능을 원하지 않는다. 누가 하든 모든 일은 매뉴얼대로만 하면 된다. 새로운 아이디어나 창의적인 변형이나 그런 발상과 도전은 아예 하지 않는 것이 좋다. 매뉴얼보다 훌륭하게 뭘 해볼 생각은 안 하는 게 좋다는 뜻이다. 맥잡은 당신이 당신이니까 해보려고 하는 것을 싫어한다.

4. 맥잡은 당신이 일하고 쉬는 때를 마음대로 정한다. 맥잡은 시급제인데 기자의 체험에 의하면 노동법에 규정된 수당이나 휴식 시간 등에 대한 규칙이 교묘하게 남용된다고 한다. 법으로는 주 40시간 이상을 일하면 수당을 주도록 하는데, 이 수당을 주지 않기 위해 손님이 줄면 그때그때 바로 퇴근시킨다고 한다. 그래서 일하는 사람은 자신이 언제 일하고 언제 쉴 수 있는지 모른다.

5. 맥잡은 당신의 건강에 대해 신경을 쓰지 않는다. 유니폼 상의는 사시사철 반팔이다. 긴팔을 입으면 이것저것 묻어서 지저분해 보인다는 것이 이유다. 그래서 끓는 기름에 감자를 튀기는 일을 하다가 팔뚝에 화상을 입어도 계속 반팔을 입는다. 게다가 식사는 맥도날드 음식만 제공된다.

6. 맥잡은 당신이 좋아해서 이 일을 한다고 생각한다. 점장과 매니저를 빼면 누구나 다 크루crew라고 부른다. 크루란 뭔가를 좋아해서 같은 목적이나 취향으로 뭉친 그룹의 일원이라는 뜻으로 사용되는 단어다. 일종의 연대감의 표현이다. 맥잡에서 일을 하러 온 당신은 자동으로 맥도날드의 크루가 된다.

7. 맥잡은 당신이 언제 떠나든 붙잡지 않는다. 당연하다. 고용할 때부터 당신이 누구인지, 왜 왔는지 묻지 않았으니 떠날 때에도 붙잡을 이유도 없고, 왜 떠나느냐고 물을 이유도 없다. 묻지 않아도 오고, 묻지 않아도 떠나는 맥잡 상비군이 지천에 널려 있다. 그냥 몸과 시간만 있으면 될 뿐이다.

자, 이것이 맥잡이다. 맥잡은 사람을 일회용 건전지로 취급하는 일자리의 대명사인 셈이다. 여기에서 사람이 어떤 존재감과 성취감을 느낄 수 있을까. 직장 동료와의 좋은 인간관계, 높은 목표에 대한 도전 정신, 업무에 대한 만족, 규칙적인 출퇴근, 복리후생, 안정적인 급여 등 일을 통한 자아실현이 가능하기 위한 여러 요건들 중 어느 것도 충족하지 못한다. 혹자는 맥잡은 보통 아르바이트니까 그런 것 아니냐고, 비정규직이고 몸을 쓰는 생산직에만 있는 것이 아니냐고 반문할지 모른다. 그러나 정규직이고 사무직이며 번듯한 대기업이라 해도 어지간한 일들은 맥잡을 닮아있다. 급여와 복리후생 등에서 조건이 좀 더 좋을 수는 있겠지만 일 자체를 구성하는 업무 환경이나 동료 관계나 상사와의 의사소통 등에서 직장인들은 자신을 일회용 건전지처럼 느끼고 있다.

경제학자 이정전의 《우리는 행복한가》(2008, 한길사)를 인용하자. 저자는 선진국일수록 직장만족도가 더 떨어진다고 지적하면서 일본이 선진국 중 직장에 대한 불만이 가장 높다고 소개한다.

"자본주의 선진국 사회에서 직장만족도가 떨어지는 이유는 무엇일까? 가장 많이 거론되는 요인은 단순한 업무, 지루하고 반복적인 작업 그리고 지나친 감시 등인데 특히 노동의 단순화가 가장 큰 요인으로 지적되고 있다."

한 마디로 일이 재미가 없다는 뜻이다. 왜 그럴까? "노동의 단순화"를 촉진하는 여러 요인이 작용하겠지만 핵심만 꼽자면, 사람이 일을 재미있고 보람차게 느끼는 이유는 무슨 일이냐가 아니라 누구와 함께 하느냐에 달려있기 때문이다. 일을 하면서 "당신이 누구냐, 어떤 사람이냐, 나는 당신에게 무엇이냐" 하는 질문과 응답에 따라 아무리 하찮은 일이라도 일의 의미가 달라지고 만족도가 달라진다. 일에 대한 의미는 회사가 홈페이지에 소개하는 기업 이념이나 가치로부터 정해지는 것이 아니라, 일을 하기 위해 회사에 모인 사람들끼리 관계를 형성하면서 발견되고 부여되는 것이다.

사람이 일을 통해 의미를 발견하는 것이 무엇인지에 대해서는 조안 B. 시울라의 《일의 발견》(2005, 다우)을 읽어보길 권한다. 조안 B. 시울라는 웨이트리스, 요리사 등 여러 직업을 경험하고 리더십과 윤리 분야의 연구로 여러 대학과 유네스코에서 석좌교수를 역임한 인물이다. 그의 이야기를 들어보자.

"의미 있는 일의 객관적 요소는 일 자체의 도덕적 조건으로 이루어진다. 모든 고용인들은 존엄과 존중을 가지고 처우 받아야 한다. 이러한 원칙과 함께 정직, 공평함, 정의와 같은 다른 원칙들이 뒤따른다. 의미를 추구하기 위해 우리는 '인간이라는 느낌'을 가져야 한다. 주관적인 요소는 사람들이 일터에 대해 갖는 전망과 자세로 이루어진다. 의미를 발견하고 '밝히는' 우리의 능력은 개인의 성격, 인생 경험, 가치 등에서 비롯된다. '의미를 밝힌다'는 개념을 이해하는 최선의 방법은 이러한 능력을 발휘하지 않는다는 것이 어떤 의미인지를 살펴보는 것이다. …… 무관심, 주의 및 즐거움의 결여, 특정한 게으름을 말한다. 이는 일 자체에 관한 것이 아니라 적극적인 삶의 참여에 관한 것이다."

맥잡은 오늘날 기업이 성과를 경제적 효과에만 고정시키면서 사람들의 관계로부터 비롯되는 창의적 의미를 제거한 결과물이다. 1등들만 데려가서 일을 시키는 초일류 지향의 대기업들이 "일 자체"에 관해서는 거의 모든 것을 분석하여 시속 200킬로미터로 내달리면서도, 직원들 사이의 자발적인 관계를 통한 "적극적인 삶의 참여에 관한 것"에서는 백지 상태에 가까운 이유도 맥잡의 성공 원리를 일방적으로 추구한 데에 있다. 그 때문에 1등들이 우글거리는 대기업일수록 늘 창의적 인재가 부족한 것이다. 정말 창의적인 사람이라면 맥잡이 되어버린 일에서 이미 손을 뗐을 테고 말이다.

이렇게 맥잡 같은 일을 하다보면 사람이 어떻게 될지는 대단한 연구가 뒷받침되지 않아도 사람이라면 누구나 상상할 수 있다. 기사에 의하면 맥잡에서 일하는 그들 모두가 한결같이 착하고 친절하고 순종적이었다고 한다. 각자의 인격과 개성이 작동하지 않다보니 사람들의 자발적인 관계에서 비롯되는 희로애락의 살아있는 표정도 지워진 것이다. 아이러니한 점은 국가도 기업도 학교도 애타게 창의성을 부르짖고 있는데 정작 일 자체(혹은 공부 자체)는 사람의 인격도 개성도 원하지 않는 맥잡처럼 바뀌고 있다는 사실이다.

집 나가면 개고생?

무서운 것은 스펙하고 맥잡하며 살다가 청춘을 허비하는 것이다. 십대 때는 내신, 수능, 논술, 면접, 과외의 입시 5종 세트를 갖추느라, 이십대 때는 취업 5종 세트를 갖추느라 시간이 없다. 그 뒤로 정규직이든 비정규직이든 취업을 해도 마찬가지다. 맥잡 7종 세트로 몸과 시간을 소진한다. 이렇게 청춘을 보내면 인생에 무엇이 남을까. 나는 아무 것도 없다고 생각한다. 그럼에도 여기에 목을 매달고 사는 것은 우리가 위험성을 느끼지 못할 정도로 스펙과 맥잡의 논리 안에 갇혀 있기 때문이고, 옆이나 뒤를 돌아볼 생각은 하지 않은 채 오직 앞만 바라보며 경쟁하는 기계로 적응해 있기 때문이 아닐까.

이것이 나의 인생이 되어도 좋은지 아닌지 십대 때부터 생각하고 잘 선택해야 한다. 다르게 살아보기로 결심했다면 스펙하고 맥잡하며 청춘을 허비하는 삶을 반대하는 슬로건을 저마다 하나씩 만들어보자. 한때 '집 나가면 개고생'이라는 광고 카피가 유행했었다. 그 광고를 보면서 스펙하고 맥잡하기의 가장 단순하고도 직접적인 반대말로 '개고생'이 어울린다는 생각을 했다. 사실 개 입장에서는 집 나가는 것이 신바람이다. 개에게는 집 안이야말로 개고생이다. '집 나가면 개고생'의 텔레비전 광고를 보면 험준한 등산과 무전 배낭여행과 텐트치고 비바람 맞는 모습들이 나온다. 그 사람들에게 그게 정말 개고생이었을까?

'집 나가면 개고생'이라는 말은 젊어서 고생을 실컷 해보고서 나이 먹은 뒤 어느 한가한 날에나 하는 즐거운 무용담이자 추억일 뿐이다. 개고생이란 실은 날것의 고생을 원해서 해보는 도전이다. 그 고생을 해보고서 산다는 것의 의욕과 의미를 알게 된 사람이 하는 여유 있는 농담이다. 이런 말에 잘못 기가 눌려서 벌벌 떨며 방콕생활에 적응한다면 그것이야말로 집 안에서 개고생이다. 스펙하고 맥잡하며 살다가 늦은 밤 지친 몸을 눕히고 텔레비전을 켜놓고 집에서 쿡 처박혀 지내다 끝나는 것이 집 안에서 개고생하기의 결말이다. 그렇기 때문에 설령 스펙 10종 세트를 달성해서 초일류 대기업에 입사한다 한들 그것이 자신의 인생에 대해 무엇을 말해주는지 십대 때부터 스스로에게 물어볼 줄 알아야 한다. 몸과 시간만 요구한다면 그것은 일이 아니며, 인생일 수는 더욱 없다. 그런 까닭에 개고생을 하라는 것이다. 그리고 이왕이면 십대 때부터 온갖 종류의 개고생을 겪어보는 것이 좋다. 안 그러면 십대 시절엔 창의적 잠재력을 지닌 신세대로 주목을 받을지라도 대학에 들어간 뒤부터 비실비실 머뭇머뭇 눈치나 보는 줏대 없는 찌질이로 묘사되고, 고학력의 예비 실업자로 애물단지 취급을 받고만다.

여기서 말하는 개고생을 너무 심도 깊게 고민하지 말자. 광고에서 보여줬듯이 험난한 곳을 등산하고, 낯선 곳을 무전여행하고, 집 밖에서 텐트치고 살아보는 것이다. 십대 때부터! 이런 개인적인 개고생의 열 배 백 배에 해당하는 즐거움과 깨달음을 만드는 곳이 작은 모임이고 공동체다. 자원봉사든, 배낭여행이든, 동호회든, NGO(Non-Governmental Organization, 비정부기구)

나 NPO(Non-Profit Organization, 비영리민간단체)든, 사회적 기업이든, 농촌이든 그곳의 동료 및 선배들과 같이 해보는 일들 속에 놀이 같은 개고생이 있다. 거기에서 인생이 무엇인지도 느끼게 되고, 무얼 하며 살아가면 좋을지 목표도 정하게 된다. 이것이 스스로 직업을 창조하는 사람의 길이다. 새로운 시대에 필요한 몸과 마음을 만드는 사람의 이력이다. ***

난
찌질이야

십대 시절부터 다양한 개고생을 하지 못하고 이십대에 스펙하고 맥잡하며 살면, 인생은 오늘의 불안을 내일의 더 큰 불안으로 달래는 하루살이가 된다. 그것이 일상이 된 이십대 청년들이 자기들끼리 농담처럼 주고받는 유행어가 있다. 이 말은 뭔가 한가락 해봤던 것처럼 무용담을 자랑하는 선배나 어른들에게 이십대가 자조 섞인 항변이나 자포자기의 제스처를 취할 때 쓰는 말이다. 바로 '찌질이'라는 표현이다.

MBC TV 오락프로그램 〈무한도전〉에 나오는 사십대의 박명수만 해도 찌질이 비슷한 '하찮은' 소리를 듣지만 통하지도 않는 호통을 치고 노골적으로 2인자 자리를 자랑하는 그 분위기나 느낌은 이십대의 찌질이와 무척 다르다. 이십대가 말하는 찌질이는 겉만 보면 얌전하고 똑똑한 것 같지만 사회문제나 세상물정에 관심을 두는 건 사치로 여기고 자기 앞가림에만 바쁜 청년이다. 사실은 우리 사회가 제 앞가림만을 하고 또 하도록 이십대 청년을 뺑뺑이 돌린 결과 자기 앞가림조차도 벅차고 버거워서 한없이 작아지고 나 홀로 남겨진 것 같은 청년이다. 그렇다고 핫 세대처럼 부모를 원망하거나 쿨 세대처럼 정부와 맞짱을 뜨지도 않는다. 오히려 '다 내 탓이야' 라고 자신을 질책하며 다시 또 제 앞가림에만 정진하면서 괜찮은 척 하고 만다.

이처럼 사회적으로 외톨이가 된 이십대 청년의 자화상을 집약한 이름이 찌질이다. 이 말을 이십대 청년이 스스로에게 사용할 때는 나한테 뭘 기대하지도 말고 비판하지도 말아달라는 자포자기의 탄식이자 방어 태세의 신음이 된다. 만약 나 같은 아저씨가 이십대에게 "그러니까 네가 찌질이 소리를 듣는 거야" 하고 말하면 비난이 된다. 아무리 의도가 좋단 한들 마찬가지다. 나는 너희 나이 때 안 그랬는데 너흰 왜 그러고 사느냐고 하는 순간 이십대는 더 찌질하게 움츠러들 수밖에 없다. 그러나 나는 이십대들끼리 서로를 찌질이라고 이야기하는 속에서 역설적으로 각성과 반전의 오기 같은 에너지를 느낀다. 그래서 이십대들이 서로를 찌질이라 부르면서도 실은 찌질이 탈출의 새로운 실험들을 하나둘 벌이기 시작하는 것이라고 생각한다.

찌질이 탈출법

대표적인 예가 이십대 데뷔 네트워킹 센터 '희망청' 이다. 희망청은 이십대들이 꾸려가는 비영리 단체로서 어떻게 하면 이십대들이 행복하게 일하며 살 수 있을지 스스로 생각해보자는 취지로 만들어졌다. 이곳에서는 일상의 작은 일과 놀이와 학습의 기회를 제공한다. 그중 하나가 '마포는 대학' 프로젝트다. 서울 마포구 안에서 활동하는 사람들, 이를테면 출판 편집자부터 작은 카페의 바리스타와 노점의 떡볶이 아줌마에 이르기까지 다양한 사람들로부터 그들의 일의 의미와 일머리에 대해 직접 이야기를 듣고 체험하는 워크숍이다. 이것이 확산되어 '구로는 대학', 경기도 이천의 '율면은 대학', 전라남도 '남원은 대학', '대전은 대학' 등으로 번지고 있다.

희망청의 활동에 주목하는 이유는 찌질이의 길에서 헤어 나오지 못하는 원인을 제대로 알고 대처하고 있기 때문이다. 찌질이들이 자신의 길에서 헤어 나오지 못하는 것은 뭘 하든 혼자 하려고 하는 관성 때문이다. 여기서 혼자라는 말은 각자란 뜻도 있지만 자기 또래끼리 한다는 뜻도 포함한다. 희망청은 이십대들이 만든 단체이지만, 긴밀한 네트워크를 맺고 있는 선배와 어른들로부터 자원과 경험, 지혜를 구하고 있다. 또한 실업을 극복하기 위한 대안으로 대기업 취업이나 공무원 시험 준비보다는 중소기업, 벤처, 사회적 기업 쪽에 관심을 갖는다.

이들이 모여 집중적으로 논의하는 학습 주제 다섯 가지를 소개하면 이렇다. 1. 하고 싶은 일과 돈에 대한 고민 2. 아무도 가지 않은 길을 가는 것에 대한 두려움과 실패의 의미 3. 경험이 없는 내가 무언가 스스로 창조하며 시작해도 내 인생이 괜찮을지 4. 나는 거대 조직에 맞을까 소규모 조직에 맞을까 5. 나에게 일이란 정말 어떤 의미인가 들이다. 이런 토론을 통해 찌질이에서 빠져나올 힘을 기른다.

희망청뿐 아니라 이십대들이 찌질이에서 탈출할 수 있는 기회는 우리의 일상 속 곳곳에 널려 있다. 한번 도전해볼 테니 도와달라고 하면 기꺼이 도와줄 선배와 어른들도 많다. 그렇게 시작하면 된다.

규격품 인생 vs. 불량품 인생

그러나 이런 모색을 해보지도 못한 채 스스로를 찌질이의 틀속에 가두는 경우가 아직은 더 많아 보인다. 찌질이에서 나오지 못하는 두 가지 극단의 경우를 살펴보자.

하나는 대기업에 들어갔지만 시간이 갈수록 점점 더 찌질이가 되어가는 경우이다. 처음부터 회사가 시키는 대로 하는 것 말고는 다른 생각을 하지 않으며 산다. 다른 생각을 안 하니 다른 활동도 해본 적 없고 다른 사회관계도 없다. 회사를 빼고 자기 인생을 생각해본 적도 없고, 다른 꿈도 꿔보지 못한다. 꿈이라고는 승

진해서 인정받는 것 밖에 없다. 회사 내부의 치열한 경쟁을 뚫고 다행히 해고되지 않고 십수 년 버틴다면 아마도 중간 관리자나 임원이 될 것이다. 이렇게 사는 게 왜 찌질할까?

이 길을 선택한 이들은 이십대부터, 아니 실은 그보다 더 일찍 십대부터 대기업 직원 혹은 공무원이 되어 사는 것만이 마치 규격품 인생인양 그에 맞춰서 살아왔을 것이다. 규격품 인생을 정답이라고 생각하면서 스스로를 계속 규격품으로 취급, 관리했을 것이다. 불량률을 줄이려고 하는 것 말고는 할 일이 없었을 것이다.

그러나 생각해보자. 과연 규격품에 맞춰 살아가려고 인생의 모든 에너지를 쓰며 살다가 과장이나 부장이 되면 그것이 후회 없이 성공한 인생이라 할 수 있는지 말이다. 대기업에 다니는 것이 나쁘다는 말이 아니다. 대기업 사원이라도 끊임없이 다른 생각, 다른 활동, 다른 사회관계를 만드는 사람은 결코 찌질이가 아니다. 이들은 인생에 규격품이라는 게 따로 없다는 것을 안다. 문제는 그렇지 않은 사람들이다. 인생에 규격품이 있는 것처럼 믿고 거기에 끼지 못해서 불안해하는 것, 대기업에 입사해도 언제 규격품 인생에서 낙오될지 몰라서, 나보다 더 완벽한 규격품 인생이 즐비한 것 같아서 불안해하는 것, 이것을 인생의 전부처럼 생각하면 찌질하다는 것이다. 찌질한 인생은 즐겁고 가치 있는 인생의 수많은 가능성을 일찌감치 나 몰라라 하고 오직 그것 하나에만 매달리는 인생이다. 알고 보면 규격품이라는 것은 그 자체가 인생 모델이 될 수 없는, 실은 수없이 다양하게 일어나는 맞춤형 인생들의 평균치에 불과한 것인데 말이다.

또 다른 하나의 길은 프리랜서Freelancer, 프리타Freeter, 니트족NEET, Not in Education, Employment or Training 등으로 살면서 찌질이가 되는 경우이다. 프리타란 일본에서 생겨난 신조어로, 프리Free와 아르바이트 Arbeiter를 합친 말이다. 프리타는 직장에 억매이지 않고 자기가 편리한 시간에 아르바이트를 하고 남는 시간에 좋아하는 일을 하며 살아가는 사람들을 뜻한다. 원래 프리타란 일본 물가와 아르바이트 임금 기준에서 볼 때 정규직과 돈벌이에서 큰 차이가 나지 않는 비정규직이라 한국과 단순 비교는 무리겠으나, 일본의 경우 이십대 청년의 60퍼센트가 프리타라는 통계까지 나오면서 심각한 사회문제가 되고 있다. 니트족이란 여기서 한발 더 나가 일하지 않고 일할 의지도 없는 청년 무직자들을 뜻한다. 이 용어는 영국에서 처음 등장해 일본에서 유행했다.

프리랜서, 프리타, 니트족이 조금씩 비슷하게 겹치긴 한다. 굳이 구분하면 프리타는 그때그때 이런저런 임시직으로 돈을 벌어 소비생활을 하는 사람들이라면, 니트족은 임시직으로나마 일하는 것조차도 기피하므로 소비할 여력 자체가 없는 사람들이라고 볼 수 있다. 반면 프리랜서는 자기 나름의 뜻이 있어 자유롭게 활동한다는, 뭔가 좀 있어 보이는 느낌이 있다. 그러나 프리랜서라 불리는 이십대들은 실은 프리타인지 니트족인지 구분하기 어려울 만큼 전반적으로 열악한 상태에 있다. 이렇듯 불안정한 상태에서 이런저런 일들을 전전하며 청춘을 보내면 어떻게 될까?

명절 때 가족 풍경을 떠올려보자. 겉으로 멀쩡하게 생긴 이십대 자녀를 둘러싸고 부모나 친척들이 뭐라고 말하는지 지켜보면 안다. 자식이 다달이 떼돈을 벌어오거나 번듯한 회사를 다니고 있다면 부모는 자랑스레 이야기할 것이다. 이런 경우가 아니라면 유학을 갈 예정이라거나 곧 고시에 합격할 거라고 뻥을 칠지도 모르겠다. 혹은 팔자를 바꿀 혼사를 앞두고 있다는 식으로 대충 모면할지도. 그럴 때마다 자녀들은 이렇게 살아가는 자신의 처지를 놓고 세상을 탓하거나 자신을 탓하게 된다.

이런 일들이 쌓이다보면 속으로는 내가 못나서 그렇지, 혹은 내가 좀 더 잘할 수도 있었는데 그때 못해서 이 모양이라는 패배자의 마음을 내면화하게 된다. 정규직이 아니라서, 한몫 벌지 못해서, 혹은 부모를 잘못 만나서 그런 거라고 자조하는 시간에 비례해서 자신도 모르게 더욱더 찌질이가 된다. 자신의 가치를 재발견하고 스스로 인생의 중심을 잡기도 전에, 가족이나 친구들이 자신을 어떻게 바라볼까 하는 타인의 시선으로 자신을 평가절하하게 된다.

혼자만의 중얼거림과 자책을 무의식적으로 계속하다 보면 어느새 스스로를 불량품 인생이라고 여기게 되고, 사는 내내 그 생각을 떨치지 못한 채 마음에 새기고 또 새기며 살게 된다. 하지만 인생에 과연 불량품이 있을까, 규격품이 되려고 애쓰는 것이 인생이 될 수 없듯 불량품 인생 역시 존재하지 않는다. 선과 악을 완벽하게 나눌 수 없고 장점과 단점이 순수하게 따로 존재할 수 없듯 우리 인생은 어느 정도는 규격품이고 어느 정도는 불량품이다. 규격품과 불량품의 배합으로 치면 사람은 전부 다르다. 그것이 개성이고 인격이며 저마다의 맞춤형 인생이다.

맞춤형 인생을 사는 제각각의 사람들이 어울려야 다양성이니 창의성이니 하는 것이 나오는 법이다. 반대로 규격품 인생끼리 모인다면 그래 봐야 똑같은 규격품이다. 불량품 인생이라고 자조하는 사람들끼리 큰 세를 이뤄도 역시 매한가지 불량품 이미지다. 사실 찌질이라는 형질은 똑같아져야 안심이 되는 집단 안에서 나오는 심리 유형이다. 조금씩만 다른 이들이 모이면 거기에서는 찌질이가 나오지 않는다. 서로 눈치를 보면서 자꾸 같아지려고 하고 같아지는 만큼 더 불안해지는 것이 찌질이의 속성이자 운명이다. 그러느라 인생의 다른 길들을 하나도 보지 못하는 것이다.

맞춤형 인생을 위해

이런 두 가지 극단 중 어디에 속하든 찌질이의 내면과 결론은 같다. 세 가지 점에서 그렇다. 하나는 자기가 정말 하고 싶은 것, 자기가 즐겁게 잘 할 수 있는 것을 찾아보지도, 해보지도 못한 채 인생을 보낸다는 점이다. 다음은 인생을 걸고 함께 도전하고, 실패해도 다시 도전하게끔 용기를 주는 파트너, 소울 메이트, 동료를 만나보지 못하고 외톨이로 산다는 점이다. 마지막으로는 하고 싶어서 한 그 일이 우리 사회와 세상을 더 좋게 바꿀 수도 있다는 엄청난 사실을 체험해보지 못하는 것은 물론 그럴 수 있다는 사실조차 까맣게 모른 채 소중한 인생을 보낸다는 점이다.

여기에서 벗어나는 길은 규격품 대 불량품이라는 산업 시대의 낡은 이분법에서 자유로워지는 것밖에 없다. 모두가 자신에게 맞는 맞춤형 인생의 여행을 떠나는 것이다. 이분법에 갇히면 눈길을 양극단에 빼앗긴 채 자신이 서 있는 중간 지대가 불안하게 느껴진다. 이분법을 넘어 인생을 즐겁게 사는 비결은 간단하다. 양극단 사이의 다양한 스펙트럼 곳곳을 누비는 가벼운 발길을 가지면 된다. 스펙트럼은 늘 광활한 노다지로 펼쳐져 있을 것이다.

첫 시작은 스스로에게 묻는 질문에서 시작한다. 내가 하고 싶은 게 뭐지, 잘하는 게 뭐지, 언제 즐거웠는지 물어보는 것부터 시작한다. 그것을 알아가는 과정에서 동행할 수 있는 동료나 선배를 만나게 된다. 그러면서 혼자 불안해하던 상태와 다르게 서로를 명랑하게 만드는 기운을 맛보고 찌질이의 쳇바퀴에서 한발씩 걸어 나올 용기가 생기는 법이다.

이는 결국 자기 마음의 감옥에서 탈출하는 것을 뜻한다. 타인의 몸과 부대끼면서 몸은 고되고 마음은 편안해지는 상태가 무엇인지를 느껴보면서 몸과 마음을 경쟁 만능의 좀비 체질로부터 바꿔내는 것이다. 이것이 창조적 파괴다. 나 홀로 지새워 만든 불안이라는 모래성을 기분 좋게 파괴하는 파도는 저 멀리 있는 게 아니고 오늘 여기에서 나에게 다가오는 사람들의 손끝에서 일어난다. 혼자 궁리하고 포기하는 것에 익숙해진 '나'라는 마음의 감옥을 창조적으로 파괴하려면 누군가 내 안에 들어오는 것만으로도 절반의 진도가 나갔다고 할 수 있다. 그럼 찌질이의 형질에 변화가 일어나기 시작한다.

희망청의 이십대 친구들도 이런 이유로 모였다. 모이면 돈을 주고, 취업을 시켜주니까 모인 것이 아니다. 일하고 놀고 배우고 사랑하고 헤어지고 그렇게 사는 게 인생일 텐데, 전후좌우 왜 이다지도 암울한지, 나 혼자만 그러는 것인지, 정말 내가 바라는 행복의 모습은 어떤 것인지, 이렇게 혼자 질문을 하던 이십대들이 사랑방에 모이듯 하나둘 모인 것이다. 이들이 모여서 첫 번째로 한 일은 또래의 이야기를 경청한 것이었다. '아, 저 친구도 나랑 비슷한 고민을 하고 있었구나' 하면서 공감을 하게 되었고, 힘을 보태서 '그럼 이것부터 시작해볼까' 하고 선배와 어른들을 찾아다니다보니 '마포는 대학' 프로젝트가 나올 수 있었다. 그 파트너십을 통해 자신만의 맞춤형 인생을 시작할 수 있는 용기를 얻은 것이다. ***

멋대로
해보라니

송재희 등이 함께 쓴《신세대 — 우리는 즐거운 것만 아름답다 한다》(1994, 제3문화사)를 읽어본 사람이 요즘 십대나 이십대 중에서 얼마나 있는지 모르겠다. 지금은 절판된 책인데, 이 책이 나오고 난 뒤에는 안이영노 등 당시 삼십대의 젊은 연구자들이 같이 쓴《신세대론 — 혼돈과 질서》(1994, 현실문화연구)라는 책도 나왔다. 또 1998년에는 당시 십대였던 김현진이 자신의 성장 경험을《네 멋대로 해라》(1999, 한겨레신문)는 책으로 묶어냈다. 한일 월드컵 열기가 남아있던 2002년 여름에는 양동근과 이나영이 주연을 맡은 MBC TV 드라마 〈네 멋대로 해라〉가 젊은이들 사이에서 폐인 현상을 일으켰다. 이러한 연대기에 나는 이십대 중후반에서 삼십대 중후반을 보내며 십대들을 만났다.

'네 멋대로 해라' 는 구호는 1990년대 초부터 2000년대 초까지 조금씩 다른 쓰임새로 변형을 거치긴 했으나 어쨌든 당시 청년과 청소년의 가슴을 설레게 만들기에는 충분했지 싶다. 하지만 이 말의 울림과 반향은 그 후 십 년 남짓한 세월이 흐르는 동안 급격히 잦아들었고 자취마저 사라진 것 같다.

우리를 지속가능한 똘아이 청년이라 불러주오

1997년 IMF 금융위기 이후 이십대를 시작한 청년들은 과거의 이십대들이 졸업 뒤 치룬 사회적 통과의례와 몹시도 다르게, 국가와 기업과 사회로부터 갑자기 버림받을 수 있다는 사실을 경험한 첫 세대다. 그런 경험들이 누적되어 자칭 찌질이라는 말로 자조하는 우울한 일상이 이십대들의 오늘이 되었다. 나는 가끔 '네 멋대로 해라' 가 유행하던 그 짧았던 몽상과 자유의 시절을 회상하며 그때 함께 놀았던 이십대와 십대들에게는 찌질이와 견주어 어떤 이름이 어울렸을까 하고 즐겁게 궁리를 해본다.

내 생각에는 아마 '똘아이' 쯤 될 것 같다. 인터넷 검색을 하면 이렇게 나온다. "똘아이라는 말은 어른 말 듣지 않고 제 멋대로 노는 아이를 가리킨다."

젊은이들이 다들 규격품 인생을 살기 위해 어른들 말을 열심히 듣고 스펙하고 맥잡하는 지금의 사회상과 비교할수록 똘아이에 대한 이런 정의가 참 재미있게 다가온다. 재미있는 사례를 찾아

일본으로 눈길을 돌리면 《가난뱅이의 역습》(2009, 이루)의 청년 마쓰모토 하지메, 《성난 서울》(2009, 꾸리에북스)의 청년 야마미아 카린을 대표적인 똘아이라고 할 수 있겠다. "어른 말 듣지 않고 노는" 모습에서 1900년대의 한국 청년들과 약간의 노선 차이가 있지만, 두 명의 일본인 청년은 1970년대 중반에 태어나 이십대 시절부터 맹활약을 펼쳐 삼십대가 된 현재까지도 똘아이 청년의 현역으로 즐겁게 살고 있는 공통점이 있다.

두 사람을 잠깐 소개하자. 마쓰토모 하지메는 '롯폰기 힐스를 불바다로' 라는 슬로건을 내걸어 경찰을 혼비백산하게 만들고는 시내의 다른 공공장소로 이동해 찌개를 끓여먹는 인물로, 현재는 재활용 가게 '아마추어의 반란' 의 점장이다. 그는 일찍이 노숙의 기술을 연마한 뒤 '가난뱅이가 설칠 수 있게 하라' 는 일념으로 대학 본관 앞이나 번화가 또는 공공장소에서 찌개를 끓이고 냄새를 피운 다음 모여든 이들과 두런두런 음식을 나눠먹고 수다를 떠는, 요식 행위인지 전위 예술인지 경계가 애매한 퍼포먼스를 하며 일본 사회의 문제점을 지적하고 일본 청년들의 인생에 새로운 발상을 제공하는 괴짜 청년이다.

야마미아 카린은 십대 시절부터 우여곡절의 삶을 살았다. 극우록 밴드의 리드 보컬로 활동하다가, 실업과 빈곤에 처한 일본 청년의 벗으로 인생의 방향을 바꾸어 '사운드 데모' 와 '노이즈 액션' 으로 시위를 조직하는 유명한 활동가가 되었다. 또 자신의 경험을 바탕으로 책을 내고 잡지 편집위원으로 바쁘게 사는 르뽀 작가이다. 그의 책은 일본 서점가의 빈곤 코너에서는 아주 유명한 베스트셀러라고 한다. 불안정하다는 뜻의 프리케리어스^{Precarious}와 노동자 계급을 가리키는 프롤레타리아트^{Ploletariat}라는 두 단어로 합성어를 만들어 스스로를 '프레카리아트 활동가' 라고 소개하는 그의 첫 번째 책은 《생지옥 천국》(2000)이다. 제목만 봐도 뭔가 묘한 냄새가 나서 읽고 싶게 만든다.

이렇듯 일본에서는 당대의 똘아이라고 부를만한 청춘 스타들이 십대나 이십대 시절부터 그들 세대에서 솟구쳐 나왔다. 그들은 삼십대가 되어서도 계속 이십대와 십대들을 만나며 똘아이 청년의 활동을 연장하고 확장했다. 아직까지는 비록 소수이지만 이들의 길은 개인의 똘끼 표출을 넘어 사회적으로도 의미 있고 지지받는 삶의 한 방식이 되어 똘아이 청년의 지속가능한 선행 사례로 살아 움직이고 있다.

이에 비하면 한국에서 '네 멋대로 해라' 며 청년들의 똘아이 행위가 분출했던 분위기는 길게 잡아야 1988년 서울 올림픽 이후 1997년 IMF 금융위기 전후 무렵까지였지 싶다. 이를테면 1990년대 홍대 앞 인디 밴드들은 '노브레인' 이나 '불타는 화양리 쇼바를 올려라' 같은 작명을 했다면 2000년대 후반에는 '눈뜨고 코베인' 이나 '브로콜리너마저' 같이 바뀌었다. 노래도 전에는 '말달리자' 처럼 내지르다가 '외로운 것이 외로운 거지' 나 '앵콜 요청금지'로 변했다. 물론 이런 작명은 예나 지금이나 인디 밴드들 사이에선 별다른 의미를 두고 이루어진 것은 아니다. 하지만 작명이나 가사를 비교해보면 서로 확연하게 다른 정서라는 점은 분명해 보인다.

이런 비교를 하다보면 지금 우리 사회의 이십대 청년들 중에서 똘아이의 인생 유형이 나오기 어렵겠다는 판단이 든다. 그렇다면 십대에게 똘아이 이십대 청년의 상을 제시하면서 그렇게 자유롭게 살 수 있을 거라고 막연한 공상을 제시하는 대신, 우리 사회에서 찌질이의 길이 아닌 또 다른 청년의 길을 이야기하는 것이 옳겠다. 지금의 이십대에게 1990년대의 구호처럼 '네 멋대로 해라'고 해봐야 멈칫하는 이의 등만 떠미는 강요가 되지 싶고, 신해철이 1999년에 부른 노래처럼 '니가 진짜로 원하는 게 뭐야?'라고 해봐야 구석에 웅크린 이를 몰아세워서 상처만 덧내기 십상이기 때문이다.

세 가지 시나리오

찌질이의 길에 들어선 이십대를 윽박질러서는 더 찌질하게 되는 것밖에 돌아올 반응이 없다. 원치 않았으나 시대를 잘못 만나서 찌질이의 길에 들어선 것인데, 찌질이에게 '네 멋대로 해라'고 똘아이의 패기를 부추긴다면 반작용과 부작용만 더 크게 생길 것이다. 이제 그런 말은 선배들의 자기 과시나 책임 면피 외에 다른 용도가 없는 한물간 무용담에 불과할지도 모른다. 때문에 현재의 이십대 청년 세대가 어디에 있으며, 이대로라면 어떤 길에 들어설 수밖에 없는지 또 어디에서 망설이고 있는지 관찰하고 대책을 찾아야 한다. 살펴보자. 이십대 청년은 대체로 다음 세 가지의 인생 시나리오 앞에서 어쩔 수 없이 당장은 스펙하고 맥잡을 반복하며 선택을 미루고 주춤하는 것이 아닐까.

가장 큰 두려움으로 다가오는 첫 번째 시나리오는 비정규직, 프리타, 니트족처럼 이십대를 보내다가 워킹푸어Working Poor가 되어 남은 생을 마무리하는 것이다. 워킹푸어에 대해서는 데이비드 K. 쉬플러의 《워킹푸어》(2009, 후마니타스)를 참조하길 바란다. 워킹푸어는 일을 해도 빈곤을 벗어날 수 없는 사람을 뜻한다. 이들은 다인종 국가 미국에서는 '보이지 않는 자들'로 취급되는 이주노동자, 빈곤 계층, 이혼 여성, 싱글 맘 들을 가리키는 말이지만, 일본과 한국에서는 십대와 이십대 전반의 젊은 세대에게 집중되어 등장할 가능성이 농후한 말이다. 다만 그 가능성을 가까스로 막고 버티고 있는 존재가 한국과 일본의 부모들이다.

그러나 부모가 자녀의 바람막이 구실을 못하고 흔들리는 순간, 즉 부모로부터도 어쩔 수 없이 버림받는 순간 지금의 이십대나 십대는 홈리스나 다름없는 평생 하층계급으로 전락할 것이다. 일찍부터 집 나가 개고생을 하며 인생에는 여러 가지의 시나리오가 있다는 것을 경험해보지 못한 채 여기로 떨어지면 다시는 올라오기 힘들다.

　주간지 〈시사IN〉 2009년 10월 17일자에 실린 국회의원 권영길의 인터뷰를 인용하자. 권영길 의원은 "고등학교의 경우 이미 5개 계급이 존재한다고 봐야 한다"라고 말한다. "최고 부자의 자녀가 다니는 자사고, 보통 부자의 자녀가 다니는 특목고, 서민의 자녀가 다니는 일반고, 가난한 자의 자녀가 다니는 전문계고, 그리고 학교 밖 아이들이 그것이다." 위의 계급 이동 문제를 권영길 의원의 고등학교 5개 계급론에 적용하면 부모가 보통 부자에서 한 등급 전락하면 자녀는 두 등급 이상 전락하게 되는 것이다. 부모가 서민에서 빈곤층으로 전락하면 자녀는 여지없이 최하위층으로 주저앉는다. 그런 까닭에 자신의 삶이 무너진 부모들이 자녀와 동반자살하려는 충동을 느끼는 것이 아닐까 짐작해본다.

　두 번째 시나리오는 당장은 첫 번째 시나리오와 많이 다른 것 같아 보이지만 시간이 지날수록 첫 번째 시나리오로 옮겨갈 가능성이 많은 길이다. 대학 졸업하면 어쨌든 전공이 있고 자격증이나 인턴도 준비하니 초보 전문가라고 볼 수 있다. 문제는 예전 같으면 초보 전문가가 사회적 존경도 받고 경제적 보장도 받았지만 시스템이 다 바뀐 지금은 저임금 단순노동자의 일과 거의 같은 일을 하게 되었다는 점이다. 앞에서 살펴본 맥잡 같은 일 말이다. 겉으론 정규직이고 번듯한 회사원일지 몰라도 하는 일이란 언제든 타인의 시간과 몸으로 교체 가능한 것이라 회사가 원가절감이나 구조조정을 하는 순간 '어어어' 하면서 첫 번째 시나리오로 갈아타게 된다.

세 번째 시나리오는 매우 화려해 보인다. 그러나 세 번째 시나리오도 시작과 끝을 보면 과거와 달리 금세 험한 꼴을 볼 수 있다. 다국적 금융회사 같은 번듯한 곳에 들어간 청년 신참들의 신속한 추락이 이를 잘 대변하고 있다. 이 시나리오에 속하는 이들은 약간은 저항적일 줄 아는 취향과 교양을 갖고 있으나 전문가 그룹 내부에 안주하면서 출세의 욕망을 추구하는 신 엘리트 계층이다. 이들 역시 과거의 엘리트에 비하면 매우 큰 불안에 시달린다. 평생직장의 개념이 사라진 지금, 초일류를 지향하는 기업 조직에 속해 있을수록 탈락하지 않으려고 아등바등해야 겨우 이 시나리오를 유지할 수 있기 때문이다. 여기에서 살아남는 방법은 일중독자가 되는 것 말고는 없다.

이 세 가지 시나리오 가운데 이십대 청년 다수가 속하는 두 번째와 첫 번째 사례에서 똘아이가 나오길 기대하면 오산이다. 똘아이 같아 보이는 청년은 도리어 세 번째 시나리오 계층에서 언뜻언뜻 보인다. 이를테면 MBC TV 오락 프로그램 〈무릎팍 도사〉에 초대 손님으로 나오는 이삼십대 연예인의 성공적이고도 개성적인 이미지를 자신도 갖고 싶어 하는 청년들이다. 물려받은 재산이든 재능이든 외모든 노력 때문이든 뭔가 좀 다른 인생관을

쿨하게 피력하는 것 같은 이들 연예인과 자신의 이미지를 동일시하려는 청년들이다. 그들과 비슷한 모습으로 소비하고 소위 간지난다는 취향을 누리는 척 하는 동안에만 발휘되고, 돌아서서 각자의 자리에 오면 사라지는 그런 똘끼를 중시하는 이들이다.

그러나 이들 역시 속으로는 아주 허해 보인다. 젊은 연예인의 자살이 부쩍 늘어난 것이 한 가지 방증이다. 그들의 자살은 사람들을 충격에 빠지게 한다. 당당하고 멋지게만 보였던 그들이 특권과 지위를 고수하기 위해 실은 안 보이는 데에서 엄청나게 찌질이 노릇을 하며 속을 끓이고 애간장을 녹이며 살아왔다는 생각을 하게 한다. 그렇게 생을 달리한 이들의 쓸쓸한 삶을 추측해보면 앞에서 살펴본 찌질이의 속성 세 가지와 잇닿아 있는 요소가 많아 더 서글프다. 자신이 진정으로 원했던 소중한 것이 무엇인지 모른 채, 실패해도 손잡고 일으켜줄 동료가 누군지도 모른 채, 우리 사회와 세상을 바꾸는 일이 무엇인지도 모른 채 끝나버리기 때문이다.

이렇게 보면 찌질이 집단 대탈출의 실현은 똘아이의 당돌한 외양을 보이기도 하는 세 번째 시나리오에 속한 청년들에게서 나올 게 아니고, 두 번째와 첫 번째의 시나리오를 경험하면서 살고 있는 우리 사회의 평범한 이십대와 십대들에게서 나오는 수밖에 없다. 인생의 의미와 재미를 새롭게 찾으려는 이같은 대안적 길은 금융 자본주의가 파국의 터널을 지나 조정기를 거치는 요즘, 국가나 시장이 주목해온 돈, 시장, 경쟁 제일주의의 뒤안길 그 너머의 지평에서 열리고 있다고 생각한다. 경쟁보다는 협력에서, 적대보다는 돌봄에서, 나부터가 아니라 너로부터 단서를 찾고 해법의 실마리를 찾는 감수성에서 나오고 있는 것이다.

나는 오늘도 씩씩하게 웃는다

혼자 끙끙댈 것이 아니라 누군가와 함께 다음과 같은 질문을 던져보고 서로의 이야기에 귀를 기울여보자. 일을 하면 할수록 가난해지는데 그 일에 모든 것을 걸고 살아야 하는 걸까? 스펙하고 맥잡하고 살면 스펙형 인간과 맥잡형 인간이 되는 거 말고 내 인생에 뭐가 남지? 소비를 줄이면 돈은 덜 벌어도 그만큼 놀면서 즐겁게 사는 길이 나오지 않을까? 죽도록 일해서 소모품처럼 시들지 않고도 즐겁게 먹고 살 수 있는 길이 있지 않을까? 남을 돕는 일을 하면서도 먹고 살만큼 돈을 벌며 살 수 있지 않을까? 그렇게 사는 것이 나를, 이웃을, 세계를 바꾸는 것 아닐까? 하는 질문들 말이다. 이렇게 청년들이 세상을 보는 각도를 조금만 달리해보면, 여기저기에 사회적 신뢰의 관계들을 만들면서 자신의 일상을 문화적으로 재발명하는 길이 보이기 시작할 것이다.

그렇게 모색하고 행동하는 사람이 나 혼자가 아니라는 걸 알게되면 그 길은 더 이상 똘아이의 튀는 길이 아니고 이십대 청년이면 누구나 가봄직한 발랄한 길이 될 것이다. 십대들이 이 질문들을 친구들에게 해보고 토론하면서 느낀 바를 작게나마 행동에 옮겨본다면, 다가올 이십대를 불안에 떨지 않고 인생의 중심을 잡으며 살 수 있다. 장차 어떤 문제에 직면해서도 창의적으로 살아갈 수 있는 인생 밑천을 쌓게 된다. 나는 이렇게 살아가는 시나리오를 씩씩이의 길이라고 부르고 싶다. 씩씩대며 씩씩하게 오늘을 살아가며 씩 웃는 모습. ***

2부

밑천 만들기

형광등 갈아봤어?

가짜 말고 진짜

몸들끼리 눈물을

만나면 한다

노인 사귀기

스티브 잡스와 마더 테레사

서로 다른 세 명

우리에게 생애 첫 자금을 달라

먹고 살고 사랑하고

너를 키운다

형광등
갈아봤어?

이제부터는 씩씩이의 몸과 마음을 만들기 위한 방법들을 모색해보자. 정답이 있는 게 아니기에 좌충우돌 복합융합 해봐야 방향성이든 전략이든 지침이든 나올 수 있다. 웜 세대의 장단점을 갖는 십대가 찌질이가 아닌 씩씩이로 성장할 방도를 찾으려면 먼저 쿨 세대 부모 이야기부터 짚어야 하겠다.

한국 사회에서 쿨 세대는 소위 386세대라 불리는, 현재 십대나 이십대 자녀를 둔 학부모 세대를 말한다. 한국 사회의 중추를 형성하고 있는 이들은 민주화를 열망한 주역들로서 공평하고 풍요로운 민주주의 선진국 사회를 추구했다. 그러나 한편으로 부모가 되어서는 자녀의 입시를 위해 사교육과 조기유학 열풍을 주도하고 부동산과 주식 등 재테크에도 열심이었다. 이런 복합적이고 모순적인 특성을 생각하면 이들을 그냥 쿨 세대라고 부르기보다는 핫과 쿨의 양면을 다 갖고 그 사이를 왔다갔다하는 일종의 조증(양극성 우울증) 세대라고 보는 것이 어떨까 싶다.

좋은 대학에 간 뒤에!

쿨 세대는 '내 자녀에게만큼은 최고의 미래를 주고 싶다' 는 열망이 무척 강하다. 어느 부모인들 안 그럴까. 하지만 시대와 사회의 조건에 따라 어떤 부모는 궁핍에서 벗어나느라 자녀를 제대로 돌보지 못했고, 어떤 부모는 돈이 있어도 사회가 뒷받침을 못해줘서 자녀의 진로 설계를 제대로 못했다. 이에 비하면 경제적 성장과 민주화 성취를 둘 다 누려본 고학력의 쿨 세대는 자신이 가진 돈과 지식을 바탕으로 자녀에게 지금보다 더 좋은 미래를 만들어줄 수 있다고 판단하고 적극적인 행동으로 옮긴 부모들이다.

그래서 쿨 세대 부모는 핫 세대 부모처럼 자녀에게 장유유서와 근검절약을 강조하거나 사회성이 가장 중요하다고 입버릇처럼 가르치지 않았다. 대신 자녀에게 좋고 이로운 것이라는 판단이 들면 무엇이든 돈을 아끼지 않고 빨리빨리 듬뿍듬뿍 안겨주었다. 버릇이 좀 없어진다고 해도 무엇보다 기죽지 않는 자녀로 키우려고 했고, 해달라는 것도 웬만하면 다 들어 주었다. 공부를 좀 더 잘해서 명문대에 갈 수만 있다면 나머지는 너 하고 싶은 대로 하고 살아도 좋다는 마음으로 임했다. 그래서 어떻게 되었을까?

파스칼 브뤼크네르의 《순진함의 유혹》(1999, 동문선)을 참고하자. 1960년대 유럽에서는 '30세 이상 된 사람은 절대 믿지 말라'고 외치면서 기성세대의 부패와 권위를 비판하며 사회를 혁신하려고 했던 운동이 있었다. 이것이 바로 68혁명이다. 그리고 이 혁명을 주도했던 당시 청년세대를 68세대라고 부른다. 지은이는 책에서 이들 68세대가 정작 부모가 되었을 때 나타난 새로운 문제점을 다음과 같이 지적했다.

"부모가 된 68세대는 자신과 자녀 사이에 어떠한 차이도 존재하지 않는다고 생각했다. 그들은 자녀들에게 모든 것을 허용했고, 오직 단 하나의 신조 '네 마음대로 하라!'만을 제시했다. 그 결과 68세대 부모는 스스로가 새로운 인류를 낳았다고 믿지만 실은 불안에 사로잡힌 존재들을 만들어냈다."

유럽의 1960년대 사회상과 우리의 1980년대 사회상을 단순 비교하기엔 무리가 있다. 유럽의 68세대와 한국의 386세대의 부모를 한 묶음으로 보는 것 역시 마찬가지다. 그럼에도 맥락과 현상에서 유사한 점이 많다. 저자가 내린 결론을 보자.

"각각의 연령 계층은 자신의 바로 위 연장자 계층을 상징적으로 살해함으로써 성장한다. 그런데 오늘날의 사내들과 처녀들 (68세대의 자녀들―인용자) 대부분은 이 진실을 경험할 수가 없었다. 그들에게 모든 것은 기득된 것이지 정복된 것이 아니다. 그리하여 교육에 속하지 않는 것에서는 금지도, 틀도 없는 너무도 자유주의적인 교육의 드라마가 되었다."

한국의 쿨 세대 부모 역시 자녀에게 '원하는 대학에 간다면' 야 '네 마음대로 하라'고 말해왔다. 치열하기 짝이 없는 입시 경쟁을 벌이는 우리 교육과 유럽의 그것이 다르겠으나, "교육에 속하지 않는 것"에서 전부 '네 마음대로 하라'는 식으로 자녀를 대했다는 점은 같다. 자녀가 명문대를 진학하는 것이 확실하면 할수록 쿨 세대 부모는 더욱 그런 마음이었다. 그러나 이처럼 부모와 자녀 관계가 명문대 입시라는 세속적 목표에선 밀착하고, 정작 중요한 인생의 문제에 대해서는 마음대로 살라는 식으로 방임하면, 자녀가 살면서 경험해야 할 세상의 다양한 인간관계들은 "친구로서 아빠 엄마가 최고의 권위"를 갖는 것으로 대체되고 만다.

그럼 자녀는 어떻게 반응할까? '네 마음대로 하라'는 자유를 그 어느 세대보다도 양껏 누릴 수 있게 된 십대 자녀는 '공부 잘해서 좋은 대학을 간 다음에'라는 꼬리표가 있으니 우선은 학교와 학원을 열심히 다닐 것이다. 대학에만 간다면야 '네 마음대로 하라'니 당장 딴 짓을 하고 싶어도 일단은 입시 공부에 매달린다. 부모의 체면도 배려하고 말이다. 그러나 여기서 모순이 발생한다.

그들은 부모가 자신들을 위해 무엇이든 다 해 줄 거라는 사실을 일찍부터 경험하며 자랐다. 그렇기 때문에 "젊은 늙은이들이 피터팬과 같은 부모들에게 자신의 나이와 책임까지 떠맡아 달라고 요구하는 분열된 현대 가족"이 탄생한다. '네 마음대로 하라' 는 자유를 허락받았는데도 자녀는 결국 부모에게 자신의 인생을 통째로 재위탁 한다는 것이다. 내 인생을 부모 당신들이 알아서 해 달라고 말이다.

피터팬 부모와 젊은 늙은이 자녀

이 "분열된 현대 가족"의 풍경에는 다음과 같은 기이한 성장 스토리가 깔려 있다. 첫 번째는 자신의 판단과 힘에 의해 "정복한 것"을 경험할 기회가 거세된 채 자라고 있는 "젊은" 자녀의 성장 "지체" 이야기이고 두 번째는 청년이 된 뒤에도 인생을 부모의 "기득된 것"에 온전히 맡기는 "젊은 늙은이" 자녀의 성장 "포기" 이야기이다. 아니, 이것은 자녀의 이야기가 아니라 "피터팬과 같은" 부모의 아바타 이야기다. 부모의 아바타 인생이 되어버린 자녀의 인생은 어디에 있는 걸까? 자녀 인생의 주소지는 영영 부모다. 각자 따로 살아도 결혼해서 분가해도 자녀의 인생은 부모가 스위치를 켜고 끄는 아바타로 살아간다.

문제는 자녀가 그런 인생을 어떻게 생각하느냐다. 사서 고생하거나 위험에 처할 일도 없는 안전 인생, 먹고 살 걱정 안 해도 되는 안심 인생, 부모가 주는 용돈으로 누리는 안락 인생이라고 좋아하고 있을까? 2009년 3월 30일자 〈한국일보〉에 인용된 일본 내각부의 조사 결과를 보자. 한국, 일본, 미국, 영국, 프랑스 5개국 청년들의 의식 조사다. 부모와 동거 비율을 묻자 한·일 청년은 70퍼센트 이상, 다른 3개국 청년은 평균 48퍼센트가 부모와 함께 살고 있다고 응답했다. 그런데 장차 부모를 부양할 것이냐고 물었더니 그렇다는 대답이 한·일 청년은 평균 31퍼센트로 뚝 떨어지고 다른 3개국 청년은 평균 60퍼센트로 올라간다.

이런 극적인 반비례는 무엇을 뜻할까. 과잉 고학력과 구조적 실업난이라는 이중의 문제를 짊어진 한·일의 청년들은 부모라는 대피소 덕에 당분간은 빈곤층 전락을 피하고 있고, 그래서 안전하고 안심되고 더러 안락한지 모르겠지만, 방법만 있다면 바로 따로 살고 싶을 만큼 부모와의 동거에 불만이 많다는 뜻이다. 같은 조사에서 '부모로부터 경제적으로 빨리 독립하고 싶다'는 욕구가 한·일 청년은 평균 86퍼센트로 다른 3개국 청년을 압도했다. 그렇다면 이 청년들이 경제적 독립을 위한 방도만 찾는다면 문제가 사라질까?

아니다. 관건은 부모의 판단과 도움 없이 스스로 뭘 해본 적이 없는 자녀의 몸과 마음에 있다. 머리로는 열망할지 모르나 정작 자신의 몸과 마음 안에는 인생의 실체에 대한 경험이 텅 비어 있는 것이다.

기득된 것과 정복한 것
스스로 "정복한 것"에 대한 경험이 성장기에 쌓여야 자신만의 인생을 살아보고 싶다는 의욕이 몸과 마음에 작은 감각과 근육들을 만들어낸다. 여기서 정복한 것이란 꼭 집을 떠나고, 부모의 품을 벗어나 보이스카웃 야영을 하고, 해외에서 배낭여행하며 혼자 지내서 얻어지는 것을 뜻하지 않는다. 대단한 것을 해냈다는 성취감이나 승리감에서 나오는 것도 아니다. 그것은 또래 집단이나 작은 공동체 안에서 벌어지는 일상의 소소한 일들을 둘러싸고 구성원의 한 사람으로서 제 몫을 하고 있다는 사회적 존재감에서 비롯된다.

이를테면 MBC TV 드라마 〈내 이름은 김삼순〉(2005, 김윤철)에서 삼순이 엄마가 집으로 찾아온 부잣집 출신의 미래 사윗감에게 대뜸 물어보는 경험들이다.

"형광등 갈아봤어? 못질해봤어? 김칫독 묻어봤어?"

요즘 십대 가운데 부모가 시켜서든 자발적이든 자기 방의 형광등을 갈거나 집안일을 거들며 못질을 하거나 김칫독을 묻어본 경험이 얼마나 있을까. 입시 공부에 매달리느라 학교와 학원에만 열심히 다닌 십대의 태반이 나중에 삼순이 엄마에게 그 질문을 받는다면 모두가 "아니요" 할 것이다. 설령 하겠다고 나서도 쿨세대 부모는 "그런 건 내가 다 해줄 테니까 제발 공부만 해"라고 소리치면서 말렸을 것이다. 이렇게 하여 쿨 세대 부모 밑에서 자란 십대 자녀는 집안의 작은 일들로부터 자신의 미래에 대해서까지 스스로 직면하고 실수하고 해결해본 경험을 가져보지 못하고 늙은 젊은이가 된다.

이렇게 십대와 이십대를 보내면 어떻게 될까? 일본에서는 은둔형 외톨이를 뜻하는 히키코모리 젊은이들이 큰 사회문제가 되어왔다. 이들은 대학에 진학하거나 사회에 진출할 나이에 자기 방에 틀어박혀 몇 년씩 집 밖으로 나오지 않는다. 그런데 이들의 성장기에 대해 부모에게 물어보면 성격이 모가 났다거나 학대를 받았다거나 집안의 가세가 갑자기 기울었다거나 하는 특별한 사연이 나오지 않는다고 한다. 은둔형 외톨이가 되는 원인과 경로는 복합적이고 다양하지만, 놀라운 점은 전혀 그럴 것 같지 않은 십대나 이십대가 어느 날부터 갑자기 은둔형 외톨이로 틀어박혀 사는 일이 계속된다는 것이었다. 일본 사회는 큰 충격을 받았다.

공부를 비교적 잘 하고 품행도 단정하며 부모에게 순종적이고 온순한 성격을 가진 내 자녀가 어느 날 갑자기 은둔형 외톨이가 되다니 부모로서는 기가 막힐 노릇이다. 반항적이지도 않고 하라는 것은 대체로 잘 했고 성적도 좋은 자녀의 모습은 우리 사회의 쿨 세대 부모가 바라는 평균적인 자녀상과 다르지 않다. 물론 은둔형 외톨이는 일본의 십대 인구 전체로 보면 소수이다. 게다가 한국에서는 아직까지도 예외적인 현상처럼 다루고 있다. 그렇다면 다수의 십대는 괜찮은 것일까? 이 또한 부모가 꿈꾸었던 자녀의 상을 배반하고 있다는 점에서 문제가 있다.

1부에서 인용했던 《폐인과 동인녀의 정신분석》의 사이토 다마키는 은둔형 외톨이 전문의다. 그의 말에 따르면 은둔형 외톨이가 되지 않는 십대들에게는 최신 유행의 패션, 음악, 텔레비전 쇼 프로그램을 화제 삼아 삼삼오오 친구들끼리 수다를 즐기는 것이 일상의 문화다. 우리 십대들과 다를 것 없는 풍경이다. 그런데 이들의 대화를 관찰해보면 자신의 이야기를 개성 있게 전달하거나, 주제를 깊이 파고들거나, 서로 다른 생각을 주고받거나 하는 힘이 몹시 약하다는 공통점이 나타난다고 한다. 관계를 유지하는 데만 관심을 쏟다보니 조금만 갈등이 생길 것 같아도 싹이 트지 못하게 제거하느라 시끄럽고 의미 없는 대화에 더 공을 들이는 것이다. 관계가 변화하고 성장하지 못하게 반복적인 수다로 끊임없이 관계를 살균 처리하는 셈이다.

이것이 바로 일본의 평범한 청년 세대를 상담한 오히라 겐이 정의한 웹 세대의 전형적인 모습이다. 개인적인 생활에서는 모든 걸 해결해주는 부모 밑에서 시키는 대로 착하게 열심히 공부해 왔기 때문에 그럭저럭 괜찮아 보였지만, 또래 관계나 사회생활에서는 작은 거절이나 한두 번의 좌절에도 집에 틀어박혀서 갈등을 삭히는 은둔형 외톨이 역시 웹 세대의 변종이다. 웹 세대의 본질적 문제는 갈등을 회피하고 갈등이 없는 것처럼 속이면서 불안을 안고 사는 것이다. 요컨대 은둔형 외톨이를 포함한 이런 문제가 웹 세대에게 집중적으로 나타나는 것은 이들이 어려서부터 그때그때의 작은 진짜 경험을 해보지 못하고 부모가 세팅해서 관리해주는 가짜 경험이 전부인양 살아버릇해서다.

파스칼 브뤼크네르의 표현을 빌리면 "스스로 도전을 해보고 고생해서 정복한 적"이 없는 것이다. 자기 힘으로 직접 크고 작은 일상사를 진행하고 시행착오를 경험한 적이 없는 것이다. 그 기회를 부모가 차단하고 생략해버렸기 때문이다. 십대에게 남은 것은 '네 마음대로 살라'는 미래의 공허한 자유, 그리고 정답과 오답이 미리 정해진 현재의 시험공부뿐이다. 그렇게 초·중·고 12년을 보낸다. 도전하고 실패하며 맛보는 진짜 경험 대신 아무 문제없어 보이는 가짜 인생에 길들여지면서 말이다. 이렇듯 부모의 강력한 매니지먼트 아래에서 자녀는 웹 세대의 문제를 갖고 자라난다.

대체 뭐가 잘못이냐고 반문할 사람들도 있을 것이다. 그러나 그것이 부모의 일방적인 관리였을 때 문제가 된다. 자녀는 자신만의 진짜 경험 없이 자라기 때문에 겉으로 아무 문제 없어 보이는 모습과 달리 속으로는 "불안에 사로잡힌 존재"가 되어 외부의 작은 충격으로도 인생이 유리잔처럼 금이 가고 깨져버릴 수 있다. 그렇기 때문에 자녀의 인생을 위해선 말릴 일이다.

창의성이나 리더십을 기른다는 측면에서도 결론은 같다. 창의성이나 리더십은 주입되거나 강제로 끄집어낼 수 없다. 그것은 직접적인 경험을 통해서 나온다. 이는 1부에서 나온 "실전에 의한 학습"을 통한 자발적 성장과 같은 의미이다. 실전이란 스스로

호기심이 발동하거나 어떤 절박함을 갖고 직접 부딪혀보는 경험을 뜻한다. 그 핵심은 작은 실패들과 작은 성공들이 엎치락뒤치락하는 시행착오의 과정에 있다. 쉽게 될 줄 알고 시도해보니 안 되고, 또 좀 되는 것 같다가도 다시 막히고 하는 과정에서 전에 했던 방법을 바꾸어 다시 해보니 또 좀 되는, 이런 작지만 소중한 경험들이 쌓여 창의성과 리더십의 밑천을 얻는다.

여기서 부모는 손쉽게 해결해주지 않고 지켜봐주면 된다. 그래야 자녀는 문제 앞에서 어떤 태도를 취해야 하는지 스스로 배운다. 당장은 실패하더라도 문제를 대하는 태도, 즉 문제를 자꾸 다른 시각에서 재발견하는 과정을 재미있고 의미 있게 여기는 태도를 배우기 때문에 나중에는 문제를 해결하게 된다. 이런 태도를 길러본 자녀라야 스스로 인생에 도전하고 싶은 동기와 힘을 기른다. 자녀가 진짜 인생을 살길 바란다면 당장부터 진짜 경험을 할 수 있게 하자. 사소하게는 형광등 갈아보고 못질하고 김칫독 묻어보게 하는 것이다. 그러면 부모와 자녀의 관계도 바뀔 것이다. ***

가짜
말고
진짜

십대에게 필요한 진짜 경험이 무엇인지 말하기 전에 학교 이야기를 잠깐 하자. 집과 시장에서 일어나지 않는 특별한 만남과 관계가 학교에는 있기 때문이다. 이것이 그동안 학교를 학교답게 했던 핵심이다.

학교에서는 학생과 교사, 학생과 학생이 만나 관계를 맺는다. 그 관계 덕분에 학교에 가서 공부를 할 동기를 갖는 것이다. 학생과 교사의 관계로 한정해서 말하면 십대가 학교에 가는 진짜 동기는 교사를 만나고 싶고 교사와의 관계를 경험하고 싶은 마음에 있다. 그런 관계의 욕구가 살아 있을 때 십대는 자발적으로 하루를 학생으로 열심히 살아간다. 공부나 대학 진학은 그 만남과 관계의 과정에서 이루어지는 수많은 성장 드라마들 중 하나의 방편이다.

138

진짜 동기 vs. 가짜 동기

영화 〈내 마음의 풍금〉(1999, 이영재)을 보면 학교에 대한 고전적인 신화, 즉 학생이 교사를 좋아하고 그리워하는 순백의 낭만이 잘 나온다. 영화는 문명의 혜택에서 멀리 떨어진 산골 학교에 도시의 21세 총각 교사(이병헌 분)가 부임하자 17세 늦깎이 초등학생(전도연 분)의 첫사랑이 시작된다는 이야기다. 이 영화에서 남녀 관계를 지워내면, 학교에 부임한 교사 그리고 교사가 있는 학교를 선망하는 학생이 남는다. 학생에게 교사란 부모나 동네의 주변 어른보다 멋진 사람이며, 그런 교사가 있는 학교는 집이나 동네보다 근사한 공간이다. 교사를 만나기 위해 학교에 가는 학생은 교사로 상징되는 신세계를 접하고 인생에 대한 새로운 가능성을 알게 된다.

영화를 따라가보면 학교가 파하고 집에 돌아온 학생 전도연이 일하면서 혼자 생글생글 웃는 장면이 곧잘 나온다. 풋사랑의 설렘이 느껴지는 이 웃음에는 '학교에는 선생님이 계신다'는, 그러니 '내일도 학교에 가면 선생님을 만날 수 있다'는 뜻이 담겨 있다. 학교를 나온 뒤에도 선생님과 학교를 떠올리며 너무 좋아서 웃는 그 심정을 요즘 십대가 얼마나 공감할지 모르겠다.

청소년과 교육을 논할 때 늘 인용하는 대표적인 영화가 〈죽은 시인의 사회〉(1989, 피터 위어)다. 이 영화를 교육적 관점에서 볼 때 한 가지 결론이 두드러진다. 똑같은 학생들이라도 어떤 교사를 만나느냐에 따라 학생들이 학교에서 보내는 하루하루의 경험과 배움이 천양지차로 달라진다는 점이다. 학생들은 키팅(로빈 윌리엄스 분) 선생의 일거수일투족에 늘 웃는다. 그의 박학다식함도 좋지만 그가 학생들 한 명 한 명과 만나며 뿜어내는 유머와 태도가 좋아서다. 학생들은 교사를 만나는 것 자체가 즐거움이며 그 즐거움을 포기하고 싶지 않다는 진짜 동기 때문에 자발적인 배움을 계속한다. 1959년 미국의 엄격하고 고리타분한 엘리트 기숙학교에 새로 부임한 괴짜 교사 한 명의 열린 마음과 독창성이 학생들의 인생에 어떤 희망을 일으킬 수 있는지 보여준 이 영화가 너무 외딴 동네 이야기 같다면 다시 우리 이야기로 돌아오자.

영화 〈닫힌 교문을 열며〉(1991, 이재구)는 인문계 고교에서 대학 진학을 포기하고 취업반에 들어간 학생들이 한 명의 교사(정진영 분)와 만나면서 겪는 희망과 좌절의 드라마다. 교지 제작을 둘러싸고 학교 당국의 검열 앞에 학생들은 끝내 주저앉고 말지만 마지막 순간까지 자신의 양심과 학생들과의 약속을 지키는 교사 덕분에 울고 웃는다.

〈세 친구〉(1996, 임순례)는 어떤가. 졸업과 함께 닥친 취업 준비 때문에 막막한 세 명의 청년이 등장한다. 영화는 고3이 끝난 뒤부터 시작되기에 그들의 학교생활은 알 수 없다. 다만 졸업식 날 몇몇의 학생들이 학교에 주차된 어느 교사의 자동차에 올라타서 발로 짓이기는 장면이 나온다. 이로부터 미루어 짐작할 수 있다. 그들은 학창 시절 문제의 차 주인인 교사에게 몹시 괴롭힘을 당했던 학생들일 터였다. '졸업식 하는 오늘부터 난 학생 아니니까 어디 맛 좀 봐라' 하며 분풀이를 했을 것이다. 그 광경을 지켜보던 〈세 친구〉의 주인공들도 같은 처지였던지 히죽히죽 웃는다. 이는 '교사인 너도 똑같이 당하는구나, 쌤통이네' 하는 씁쓸한 웃음이다.

이상에서 살펴본 네 편의 영화에 나오는 학생과 교사의 관계는 상황과 맥락이 제각각이지만 한 가지 공통점이 있다. 학교를 다니는 학생의 내면에 생긴 동기는 교사와의 만남과 관계의 경험에서 나온다는 점이다. 교사라고 하는 사람 곁에 있고 싶어서, 다른 교사들과 달리 인생의 모험을 권유하는 교사에게 이끌려서, 학교의 정책에 반하면서도 학생들을 위해 행동하는 교사에 감동해서, 혹은 나를 괴롭힌 교사에게 언젠가는 복수할 수 있다는 사실을 보여주기 위해서. 거기로부터 진짜 웃음과 울음이 생기는 것이다.

의아하겠지만 자신을 괴롭힌 교사에게 복수심을 갖는 것 역시 교사에게 인정받고 싶거나 자신을 증명해 보이고 싶은 욕구에서 나온다. 〈세 친구〉에서 학생들이 교사의 차를 부수는 행위도 마찬가지다. 교사가 학생을 짓밟을 힘이 있지만 '그래도 난 웃는다' 며 자기 존재감을 해당 교사와 또래들에게 보여주고 싶다는 관계의 욕구로부터 비롯된 것이다. 영화 〈친구〉(2001, 곽경택)에서 장동

건이 연기한 고등학생도 자퇴를 결심한 날 복도의 유리창을 부수며 학교를 나선다. 교사들에게 '그래도 난 살아있다'는 걸 표현하는 것이다. 이런 행위는 표면상 폭력적이고 파국을 향하는 듯 보이지만 뒤집어보면 여전히 교사와의 관계에 집착하고 있다는 뜻이다. 즉 학생의 관계에 대한 욕구가 그래도 살아 있다는 말이다. 어른들이 좋든 싫든 이런 것이 진짜 동기다.

그렇다면 가짜 동기는 무엇일까? 그것은 당근과 채찍이다. 이런 보상과 처벌은 관계에 목적이 있지 않다. 교사라는 사람과 관계를 맺다보니 학생 내면에서 자발적으로 형성되는 것이 진짜 동기라면, 학생의 외부로부터 제시되는 보상이나 처벌 때문에 일종의 거래가 만들어지는 것이 가짜 동기다. 이를테면 지금부터 두 시간 동안 공부를 하면 용돈을 주겠다는 유혹이나 안 그러면 게임을 못하게 하겠다는 으름장이 바로 그것이다. 이게 조금 먼 미래의 몫으로 설정될 경우는 이런 협박으로 바뀐다. "지금은 엄마아빠가 시키는 대로 공부하고, 좋은 대학에 가기만 하면 너 마음대로 살아도 된다. 안 그러면 결국 너는 인생을 망치게 될 거다."

이렇게 해서 이루어지는 것들은 전부 가짜 동기에 의한 것으로 십대의 자발적 학습과 정반대의 모습이다. 가짜 동기는 보상과 처벌이 중단되거나 완료되면 동기도 함께 사라지기 때문에 학교에 다니고 공부를 하는 행위도 곧바로 혼란에 빠진다. 왜 학교에 다녀야 하는지 스스로에게 응답할 동기가 없어진다. 가짜 동기로 하는 행위는 제 아무리 잘 했다 한들 결국에는 먼지처럼 사라지면서 허망해진다. 진짜 경험이 주는 보물, 즉 실전에 의한 학습과 진짜 동기를 알지 못한 채 뜬구름을 잡으려고 반복하는 행위이기 때문에 그 어느 것도 자신의 인생 밑천으로 남지 못한다.

이점에서 우리 사회에 가짜 동기에 의한 억지 공부를 강요하는 어른들의 겁주기가 얼마나 극에 달해 있는지, 교육 시장의 먹이사슬에 뒤엉킨 어른들의 복잡한 이해관계가 학생들의 진짜 동기를 얼마나 손쉽게 질식시키고 있는지 생각하면 그저 아득할 뿐이다. 가짜 동기로 학생들을 뺑뺑이 돌리고 있는 사교육과 공교육의 기형적 공존 체제 속에서 십대들은 공허감을 버티며 하루하루 살아남기 위해 갖은 몸부림을 치고 있다. 이런 몸부림을 가리켜 학생답지 못하다, 과소비다, 탈선이다, 범죄다 등등 꾸짖고는 할 일 다 했다는 태도를 취하는 대신 십대에게 절실한 진짜 경험이 무엇인지를 생각해봐야 한다.

그래도 웃는다

만약 어른들이 십대에게 지금 꼭 필요한 진짜 경험이 무엇인지 물어보고 같이 찾고자 하면 문제는 쉽게 풀릴 수 있다. 핫 세대 부모 밑에서 성장한 쿨 세대 부모라면 자신의 어릴 적 경험에 비추어 질문해 보면 바로 답이 나올 것이다. 그것은 나와 다른 몸들과 부대끼면서 속과 겉에서 눈물 흘려본 경험이다. 이런 관계의 경험은 핫 세대는 물론 쿨 세대까지 진하게 겪어본 것들이다. 생사를 넘나드는 전쟁터에서, 한 끼의 밥과 자녀들의 내일을 위해 악착같이 노동했던 일터에서, 민주화 투쟁을 하며 내달렸던 거리에서, 대학생이지만 의식적으로 공장에 들어가 자신을 육체노동자로 바꾸려 했던 도전에서, 핫 세대나 쿨 세대는 자신과 다른 몸들을 직접 부대끼는 관계를 맺었고 눈물을 흘렸다. 그 눈물 때문에 인생도 바꾸려 했다.

지금의 십대는 그 눈물을 맛보지 못해서 웜 세대의 문제를 갖게 되었는지 모른다. 쿨 세대가 그런 기회를 자녀에게 주지 않아서, 그런 눈물 따위는 경험하지 않아도 되는 쓸모 없는 것이라고 치부해서 말이다. 그 결과 십대는 지금 집과 학교와 학원의 쳇바퀴 속을 돌며 여러 기회들로부터 철저하게 분리 봉쇄되어 살게 되었다. 영화들 속에 나오는 '그래서 웃는다'와 '그래도 웃는다'처럼 교사나 또래와의 관계에서 나오는 진짜 동기는 요즘 십대들에게는 아주 먼 옛날이야기가 되어버렸다.

그러나 스스로 인생을 살아가게 하는 동기는 다른 존재를 진정으로 만나 겪어보지 못한 세계를 접했을 때 그 순간의 충격과 감정의 동요로부터 빚어지는 법이다. 나와 다른 그와 몸으로 부대끼면서 같이 몸고생을 해보는 경험이다. 여기서 말하는 몸고생은 노동이라는 말로 표현할 수도 있을 것이다. 그러나 이때의 노동이란 이를테면 농촌 마을에 가서 친환경 체험 프로그램 같은 것을 해보는 그런 노동과는 좀 다르다. 물론 그런 노동 역시 필요한 체험이겠으나 이것은 참여하는 십대 스스로 어떤 절박함을 느껴서 하는 것과는 다르다. 어른들이 좋다고 하니까 하루 잘 체험해보는 것에서는 쉽게 맛볼 수 없는 자기 스스로의 절실함에서 비롯되는 노동이 필요하다.

작은 일상에서 절박함이나 절실함으로 해보는 몸고생이 있어야 사람을 살게 만드는, 인생을 스스로 살아보고 싶게 만드는 사람살이의 핵심 동기가 나온다. 이것이 지금 십대의 생활 시간표 안에서 깨끗하게 빠져있다. 명문대에 가기만 한다면야 너 마음대로 하라고 말하는 어른들의 관리 아래에서 말이다. 그래서 당장은 학교 가고 학원 가느라 너무 바빠진 십대에게는 창의성의 두 가지 바탕이라고 할 수 있는 여유도 절박함도 모두 없다. 여유라고 하면 물질적 풍요부터 떠올리기 쉽지만 진짜 여유는 내 주변 사람과 관계를 맺어볼 수 있는 마음의 여유를 말한다. 자기 자신에게만 골몰해서 눈앞의 목표에만 매달려서는 가질 수 없다. 절박함 역시 내 옆과 뒤에 있는, 나와 다른 몸을 가진 사람들과 부대끼면서 몸고생을 하며 관계에 대해 절절함을 느끼는 마음이다.

창의성의 바탕을 이루는 이런 경험은 십대가 자신과 다른 타인의 몸을 만나야 시작되는데, 나와 다른 몸은 부모와 동일한 계층의 친구나 같은 동네에 사는 또래일 수도 있겠지만 그보다는 다른 계층과 다른 나이와 다른 동네의 사람일 때라야 뜻이 더 분명해질 것 같다. 권영길 의원의 말마따나 5개 계급으로 나뉘어 입시 경쟁의 서로 다른 칸막이 안에서 지내는 십대들의 또래 친교는 그 범위나 방식이 매우 협소해졌기 때문이다. 이렇게 만들어지는 관계의 경험은 붕어빵처럼 매한가지일 수밖에 없다. 요즘 십대에게 친구가 몇 명이냐고 물으면 핸드폰에 저장된 번호들 숫자부터 셀지도 모르겠다. 하지만 그것이 같은 학교나 같은 학원, 같은 교회에 다니는, 그것도 똑같은 나이의 친구들이라면 관계의 경험은 획일적일 가능성이 크다.

만약 어느 십대가 다른 몸들 열 명을 만난다면 그는 자신이 몰랐던 열 가지의 인생과 열 가지의 세계를 만나는 셈이다. 그렇게 몸으로 알게 된 열 가지의 관계들이 내 인생의 변화와 발전을 만드는 씨앗이 된다. 이것이 진짜 경험이다. 쿨 세대 부모가 웜 세대 자녀들에게 제시할 것은 학교와 학원만이 아니고 세상의 다양한 관계들 속에서 겪어보는 진짜 경험이다.

애들아 돈 벌어라

2010년 3월 6일자 〈한겨레신문〉의 '박재동의 손바닥 아트'에서 박재동 화백이 제기하는 세 가지 의문과 대답도 같은 발상에서 나온 것이다. 그가 제기한 의문은 "1. 교육 전문가만이 교육을 할 수 있는가? 2. 학급과 학년은 같은 나이로 묶어야 하는가? 3. 학생은 어른이 지어준 건물에서만 공부해야 하는가?"이다. 이런 질문을 할 수 있는 어른들이 뜻을 모은다면, 진짜 경험들이 일어나는 세상의 다양한 장들이 전부 십대에게 '사회'와 '경제'의 살아 있는 학교일 수 있다. 박재동 화백의 상식을 공유하면 말이다.

그가 내린 대답은 이렇다.

"1. 나는 학생들도 교사를 가르칠 수 있고 동네 떡볶이 아줌마도 아이와 어른을 가르칠 수 있다고 생각한다. 2. 나는 수업의 성격과 목표에 따라 할머니, 아저씨 그리고 아이들이 같이 할 수도 있다고 생각한다. 3. 나는 아이들도 건물을 설계하고 지을 수 있다고 생각한다."

같은 코너에 2주 전에 실은 이야기에 박재동 화백은 "얘들아 돈 벌어라"라는 제목을 붙였다. 일맥상통하는 이야기다. "장래 만화가가 아니라 지금 만화가예요. 한 권 사주세요"라고 말할 줄 아는 십대라면 그의 고객이 되어있을 사람은 부모나 선생님뿐 아니고 이 세상을 여행하며 부대껴봤던 다양한 몸들일 것이다. 이런 상상을 생각으로만 담아두지 않고 실행에 옮긴 대담하고 멋진 사례들이 많이 있다. ***

몸들끼리
눈물을

웹 세대에게 절실한 진짜 경험이 무엇인지 생생한 사례를
보자. 《어린이 공화국 벤포스타》(2000, 보리)에는 스페인 오렌세
지방에 위치한 오래된 마을 학교가 소개되어 있다. 독일 배우이
자 연출가인 에버하르트 뫼비우스가 에스파냐어로 위치가 좋다
는 뜻을 지닌 벤포스타를 한 달간 여행하고 이 책을 썼다. 그는
자신이 보고 겪은 이야기를 사람들이 과연 믿을까하는 심정으로
글을 썼다고 한다. 윤구병 선생이 서문에 쓰기를 "참 놀라운 기
록"이라고 한 벤포스타는 어린이부터 이십대에 이르기까지 다양
한 젊은이들이 운영하는 자율적인 공동체 마을이다. 1956년 예
술가이자 사제인 실바 신부가 15명의 가난한 소년들과 처음 시
작한 이래로 2004년 재정적인 문제로 문을 닫기까지 50여 년간

148

기적 같은 일들을 현실의 무대에 선보인 마을이다.

　작은 마을 벤포스타에는 학교도 병원도 공장도 출판사도 호텔도 그리고 벤포스타를 대표해 세계 곳곳을 누비는 서커스단도 있었다. 세상의 기본적인 구성 요소들이 모두 구현되어 있는 셈이다. 지은이가 1972년에 방문했을 당시 벤포스타의 인구는 2,000명이라고 했는데 나중에 책을 펴낸 한국 출판사 후기를 보면 2000년 당시에는 평균 150명 정도의 주민이 살았던 것 같다.

어린이 공화국 벤포스타

　이들이 벤포스타에서 진짜 경험으로 살아가며 스스로를 책임지는 일-놀이-학습의 통합적 과정은 여전히 놀랍기만 하다. 이곳에는 15세 이상이 된 십대들을 대상으로 "자기 뜻에 따라 신청한 아이들만 참가하는 특별한 교육"이 있다. 이 "특별한 교육"은 일 년 동안 진행되는데 저자가 벤포스타에 갔을 당시까지 모두 일곱 차례 이루어졌다고 한다. 그러니까 그 이후로 진행이 안 되었다 해도 최소한 7년 동안 실제로 이루어졌던 학습 과정이며 그 뒤로도 계속되었다면 더 오랜 전통을 가진 진짜 경험의 대표적 사례라고 소개할 수 있겠다. 이 특별한 교육을 실바 신부와 아이들은 "큰 모험"이라고 부른다. 벤포스타 마을과 떨어진 산속의 오래 된 수도원을 숙소로 삼아서 일 년간 진행되는 진짜 경험의 내용을 프로그램 식으로 정리하면 이렇다.

먼저 첫 3개월 동안은 "딱딱한 나무 침대에서 싸구려 담요 한 장을 덮고, 끼니는 스스로 지어 먹어야 하고, 하루에 30분씩 두 차례를 빼고는 종일 침묵을 지켜야" 하는 생활을 한다. 그 다음 한 달은 병원을 찾아가서 청소와 간병 등의 봉사 활동을 한다. 그 뒤 한 달은 계절에 따라 다르지만 주로 어부들과 함께 대서양에 나가 고기를 잡거나 사람 발길이 닿기 힘든 산골 마을에 들어가서 마을 일을 돕는다고 한다. 여기까지도 놀랍지만 그 다음부터가 정말 깜짝 놀랄 대목이다. 그 뒤 한 달 동안 "소년 교도소에서 죄수의 몸으로 고통스러운 4주를 보내"는 것이다. 그런 뒤 한 달은 스페인의 대도시 빈민가로 가서 또래의 가난한 십대를 돌보며 새로운 인생의 길로 안내하는 활동을 한다. 여기까지 계산하면 총 일곱 달이다.

그럼 나머지 다섯 달 동안은 무슨 프로그램을 하는 것일까? 한 달 동안에는 십대들끼리 3인 1조를 만들어서 "마을을 돌아다니며 구걸"하는 프로그램이 기다린다. "실제로 가진 것이 하나도 없을 때 심정이 어떠한지 사회가 가난한 사람들을 얼마나 멸시하는지 체험하기 위해서" 이 프로그램을 한다는 것이다. 그리고 남은 네 달 동안에는 부두에서 배 청소부로 일하거나 건설 현장에서 잡역부로 일하면서 보낸다.

이 책을 읽다보면 소설인지 현실인지 싶은 이야기들이 중간중간 끼어 있는 흑백 사진과 함께 나오는데 보면 볼수록 저자가 과장한 것은 아닐까 하는 생각이 들 정도였다. 그러나 책 후반부에 이르러 큰 모험이 나오는 대목을 읽는 순간부터 그 모든 광경과 이야기가 전부 사실이라는 것을 믿을 수 있었다.

큰 모험이라고 부르는 특별한 교육을 한 해 동안 겪으면 벤포스타의 십대들은 어떻게 달라질까? 이런 경험을 해본 십대라면 하루하루 생활에서 직면하는 여러 문제들을 진짜 삶의 동기로부터 우러나오는 정성으로 집중해서 성심껏 할 것이다. 벤포스타가 보여주는 실전에 의한 학습은 거창한 것이 아니다. 실전의 규모가 크든 작든 시간이 오래 걸리든 짧게 걸리든, 무엇을 하든 핵심은 가짜 훈련이나 연습이 아니라 타인과 상호 책임을 지며 해야 하는 진짜여야 한다는 점이다. 이것이 중요하다. 그런 진짜 경험을 가져본 십대가 창의성과 리더십을 발휘할 가능성도 높다.

아무리 입시라는 현실이 앞을 가로막고 선행학습 시기가 초등 저학년까지 내려가고 있다지만 초·중·고 12년은 긴 시간이다. 우리 십대들에게도 일 년 정도 벤포스타의 큰 모험 같은 학습 기회를 제공하지 못할 이유는 전혀 없다. 그 기회를 웜 세대에게 잘 맞게 기획하는 일은 쿨 세대 부모가 할 수 있고, 파트너나 멘토가 되어 함께 몸끼리 눈물을 흘려보는 일은 핫 세대가 잘 할 수 있다. 전쟁의 폐허 속에서 성장하며 다양한 경험을 해본 핫 세대야말로 벤포스타의 큰 모험 같은 인생 파노라마의 역경을 누구보다 잘 알고 있다.

문턱에 계시지 말고 들어오세요

우리 사회의 핫 세대가 그랬듯이 1938년에 출생한 프랑스인 베르나르 올리비에의 인생도 굴곡의 연속이었다. 그는 광부의 아들로 태어나 어린 시절을 제2차 세계대전의 폐허 속에서 성장했다. 가난 때문에 16세 때 고등학교를 그만 둔 뒤 그는 항만 노동자부터 건설 노동자, 웨이터, 판매원에 이르기까지 세상의 온갖 일을 거치며 청년기를 보냈다. 그는 살면서 부딪친 진짜 경험을 통해 공부의 절실함을 느끼고 독학으로 뒤늦게 신문기자가 된다. 그리고 61세로 은퇴할 때까지 기자로서 세계 곳곳을 누비며 수많은 특종과 취재로 명성을 얻는다. 은퇴하고 몇 년 뒤 그는 도보 여행을 시작했다. 매년 3개월씩 총 4년에 걸쳐 실크로드 대장정을 떠났고 그 경험을 《나는 걷는다》(2003, 효형출판)라는 총 세 권의 책으로 펴냈다.

그를 소개한 이유는 그의 인생 역경이 집약된 그 책의 인세가 십대의 진짜 경험을 위한 일에 쓰이고 있기 때문이다. 책의 인세는 그가 2000년에 설립한 쇠이유 협회의 운영비로 쓰인다. 쇠이유 협회는 프랑스 법원과 협력해서 소년원이나 감옥에 갈 처지의 십대들에게 어른 한 명과 2인 1조로 짝을 지어 말이 안 통하는 인접 국가를 4개월가량 도보 여행을 하는 일을 제안한다. 십대가 이 제안을 받아들이고 도보 여행을 마치면 감옥에 보내지 않고 재활의 기회를 준다.

쇠이유라는 말은 프랑스어로 문턱이라는 뜻인데 그는 자신의 은퇴 이야기를 담은 책 《떠나든, 머물든》(2009, 효형출판)에서 이름의 뜻을 다음과 같이 소개한다.

"문턱에 계시지 말고 들어오세요! 문에 서 있는 손님에게 우린 이렇게 말한다. 결국 쇠이유가 목표로 정한 것은 문을 찾지 못하고 소외된 어린 불량배들이 사회 속으로 '들어올 수' 있도록 도와주는 일이다. 환대의 법칙에서, 문턱에 서있는 것은 그 집을 지배하는 규칙에 동의한다는 것을 표현한다. 반대로 누군가에게 문턱을 허용하지 않는 것은 그를 부정한다는 의미다. …… 문턱에 시작의 의미를, 어떤 상태에서 다른 상태로 옮겨가는 통로라는 의미를 부여했다. …… 우리가 젊은 친구들에게 바라는 게 바로 이 모든 것이다. 즉 2,000킬로미터를 끝까지 걸었다는 것이 생생한 자유의 상징이 되기를, 그리고 우리와 더불어 사회의 '문턱'을 넘기를 바라는 것이다."

멋지지 않은가. 쇠이유 협회를 설립했을 당시 그의 나이는 62세였다. 문제의 십대 두 명과 한 조를 이루고 도보 여행을 하는 어른들 역시 그 연령대에 속한 자발적인 봉사자들이다. 그러나 알지도 못하는 나이든 어른과 4개월 동안 2,000킬로미터를 걸으라고 하면 비록 범죄를 저지른 "어린 불량배"라고 해도 첫 반응이 시큰둥하지 않았을까 궁금해진다. 비록 그 십대가 감옥에 들어가지 않고 빨리 자유의 몸이 되고 싶어서 동의했다 해도 아마

속으로는 싫어하며 주저했을 것 같다. 낯선 어른과 2,000킬로미터를 4개월간 걸어보라고 부모가 돈을 줘가면서 권한들 선뜻 좋다고 나설 십대가 얼마나 있을까? 그런데 말이다. 나이든 어른과 짝을 지어 일단 걷기 시작해 도보 여행을 완수하고 돌아오면 십대의 인생이 180도로 바뀌었다는 것이다. 상상이 가시는지! 그렇게 바뀔 수 있다는 것 말이다. 이것이 진짜 경험이 만들어내는 기적 같은 선물이다.

낯선 어른과 낯선 곳을 한 달 두 달 그렇게 걷고 또 걸으면 아마 원수지간이라도 몸과 몸으로 부대끼면서 웃고 울 것이다. 그러면서 어느새 세상을 보는 눈과 살아간다는 것의 의미를 재구성하게 될 것이다. 이렇게 자기 내면에서 솟아오르는 삶의 의지가 바로 진짜 동기다. 이런 진짜 경험이 웹 세대적 특성을 가진 우리의 십대에게 긴요하다. 그럴 기회가 주어져서 학교와 학원에 붙들려있는 십대가 세상 곳곳을 여행한다면, 쇠이유 협회처럼 우리도 핫 세대나 쿨 세대 어른들이 웹 세대와 적극적이고 대담한 관계 맺기를 시도한다면, 십대는 진짜 경험을 토대로 자발적이며 창의적인 성장의 길로 발돋움할 것이다. 그래서 이십대가 되었을 때 자신들이 가진 새로운 시대의 가능성을 발휘하고, 기성세대가 풀지 못했던 사회문제들을 해결하며, 자신의 직업을 창출하게 될 것이다.

똑같이 사는 우리 애들에게 뭘 기대하겠나

우리 사회에도 벤포스타나 쇠이유 협회와 같은 문제의식을 가진 시도들이 꾸준히 생겨나고 있다. 물론 입시 중심의 공교육 제도와 사교육 시장에서는 거의 불가능하다. 여행을 떠나도 스펙을 쌓기 위한 어학연수가 태반이고 학교들은 입시 때문에 수학여행조차 부담스러워하는 것이 현실이다. 그래서 대안학교들이 먼저 움직이고 있다.

예를 들면 열흘간 걸어서 지리산을 종주하거나 서울에서 동해 바다까지 2주 동안 걷거나 한 달간 자전거로 국토횡단을 하는 프로그램들을 시행하고 있다. 대안학교의 교사들은 십대들이 그렇게 짧게라도 진짜 경험을 하고 나면 어떻게 스스로 변화하는지를 목격하고 있다. 자신과 다른 몸들과 부대끼면서 몸고생하고 눈물을 흘려보고 그런 다음에 함께 짓는 웃음을 맛보고 나면 인생을 대하는 태도가 달라진다는 것 말이다.

일반 고등학교를 다닌 십대는 아마 대학에 간 다음에나 그런 경험을 하게 될 것이다. 기업이나 시민단체가 주최하는 대학생 대상의 국토순례 도보 여행이나 동북아평화 걷기대회 같은 프로그램에 참여한다면 말이다. 그때 난생 처음 하는 고생에 눈물을 흘려봤다는 대학생들이 적지 않다. 타인의 몸들과 부대끼며 걷고 또 걷는 어느 순간에 몸의 고통과 마음의 평화가 같이 일으키는 절정의 느낌을 처음 가져봤다고 대답한다. 이게 진짜 경험이

구나라는 실감을 그때 처음 느꼈다는 것이다. 문제도 해법도 늘 머리로만 생각했고, 대학 진학과 취업도 점수와 등수로만 임했던 청년들이 몸과 몸으로 만나며 눈물을 흘리고 서로 껴안고 웃어보았던 것이다. 하지만 사실 이 경험들은 십대 때부터 해봐야 한다.

핫 세대 어른들은 이상하게 볼지도 모르겠다. 예전에는 전쟁통에 목숨을 부지하려고 어쩔 수 없이 강을 건너고 산을 넘으며 걸었는데 이제는 참가비를 내면서까지 사서 고생을 하는 세상이 되었으니 말이다. 쿨 세대 부모들은 또 어떻게 생각할까? 아무리 뜻이 좋다지만, 옆집 아이는 방학이라고 새벽 2시까지 학원에 남아 공부를 한다는데 우리 아이만 그런 데 시간을 썼다가 뒤처지면 어쩌나 불안해할 것 같다. 아니면, 그런 체험은 심각한 문제가 있는 아이들이나 비행 청소년들에게나 필요하지 내 아이는 해당 사항이 없다고 생각할지도 모르겠다. 그렇다면 앞에서 인용한 박진영의 말을 상기하자. 학교와 학원에서 창의력을 말살당하고 있는 십대에게 투자하느니 차라리 소년원에 있는 십대에게 투자하겠다고 한 그 이야기.

대기업들 역시 박진영과 같은 이유로 "똑같이 사는 우리 애들에게 뭘 기대하겠나?" 하고 반문하기 시작했다. 많은 기업들이 아직까지는 스펙을 보고 신입사원을 뽑고 있지만 조만간 태도를 바꿔서 전혀 새로운 채용 방법을 쓰게 될 것이다. 기업들이 직면하고 있는 비즈니스의 새로운 과제들은 하나의 정답만 있는 명문대

우등생의 시험 문제가 아니라 여러 사람들의 다양한 응답들을 조합하여 대담한 방법을 시도할 줄 아는 진짜 경험의 소유자들이 직면해본 문제들에 훨씬 가깝다. 혼자 잘 해보겠다고 끙끙대지 않고, 문제를 공개하고 타인과 울고 웃으며 해법을 찾아본 경험을 가진 사람, 바로 이들 중에서 인재가 나온다.

이런 이유 때문에 대다수 기업들은 스펙을 보고 뽑은 신입사원을 임시방편으로 해병대 캠프 같은 스파르타 식 연수에 보낸다. 하지만 이런 선택은 오래 가지 못할 것이다. 단기간의 극한 체험을 통해 얻은 쥐어짜기 식 가짜 경험으로는 창의성이 나올 수 없다. 진짜 파트너십도, 진짜 자발적 성장의 경험도 아니기 때문이다. 박진영이 소년원에 투자하겠다고 에둘러 말하며 강조한 창의성은 벤포스타의 큰 모험처럼 실전에 의한 학습을 통해 스스로 경험하는 바로 그것에서 나온다. 세대를 뛰어넘어 4개월간 2,000킬로미터를 동행하며 사회의 문턱을 함께 넘어가는 쇠이유 협회의 파트너십과 같은 연대의 경험에서 나온다.

우리의 쿨 세대 부모들이나 핫 세대 노년들이라고 못할 이유는 전혀 없다. 얼마든지 할 수 있고 또 해야 한다. 사교육비를 한 푼이라도 더 벌어서 옆집 아이보다 뒤쳐지지 않게 하려고 쩔쩔매는 대신 조금만 용기를 내서 자녀와 같이 도보 여행을 할 3박 4일 시간을 내면 된다. 또 그 참에 자신이 몸담은 '사회'와 '경제' 현장에서 십대들과 파트너십을 맺고 진짜 경험의 장을 제공하면 된다. 이것이 십대를 창의적 인재로 기르는 방법이자 부모자녀 관계도 불안에서 벗어나는 비결이다. 이것이 서로를 적대하지 않으면서 모든 세대가 같이 잘 살 수 있는 공생의 길이다. ***

만나면
한다

우리 사회에도 벤포스타나 쇠이유처럼 "사회적 관계"라는 사람살이의 진짜 동기를 십대와 함께 나누는 어른들이 늘어나면서 인생의 진짜 경험을 개척하는 새로운 조직들이 속속 등장하고 있다. 그중 하나가 사회적 기업 트래블러스 맵에서 운영하는 십대들의 여행학교 '로드 스꼴라' 다.

트래블러스 맵은 이산화탄소 배출이 많은 소비 중심의 여행 대신에 친환경적이며 지역 주민에게 기여하는 공정하고 책임 있는 여행을 확산하자는 목표로 창업한 회사다. 국내외 뉴스에 공정무역이라는 말이 등장한지 꽤 되었고 비슷한 콘셉트의 여행 프로그램들도 점점 늘고 있는 추세지만 이들 트래블러스 맵이 눈에 띄는 것은 바로 로드 스꼴라 때문이다.

길 위에서 배운다, 로드 스꼴라

로드 스꼴라는 '길 위에서 배운다' 는 모토를 내걸고 만들어진 십대들의 여행학교로 총 3년 과정으로 이루어진다. 첫 해는 '길머리 과정' 으로 국내외 걷기 여행을 통해 십대들끼리 몸을 부대끼면서 여행 중에 만나는 다양한 사람들과 함께 나눌 수 있는 것이 무엇인지 탐색하는 프로그램이 주를 이룬다. '길머리 과정' 의 2010년 계획은 제주도 일대를 여러 코스로 돌아보는 것이다. 제주도 도보 여행과 현지 식재료로 음식을 만드는 요리 워크숍을 할 계획이다. 이 준비를 위해 매주 금요일엔 걷기 수업을 한다.

'길머리 과정' 다음에는 '길가온 과정' 이다. 2010년 '길가온 과정' 이 정한 여행지는 네팔이다. 주제는 '공정무역과 세계화' 이고 매주 금요일에는 네팔 여행을 준비하는 등산 교실이 열린다. '길가온 과정'은 네팔, 필리핀, 일본, 중국 등 주로 아시아의 여러 지역을 찾아가서 현지의 자연 및 주민들과 친화하고 소통하는 여행 프로그램이다. 이 과정에서는 십대들의 시각에서 여행지를 재발견하는 경험을 중요하게 여긴다. 이런 경험을 통해 현지 자연과 주민에 기여하는 여행 상품의 개발을 최종 결과물로 내놓게 된다.

로드 스꼴라의 마지막 학기는 '길너머 과정' 이다. 여기서는 구체적인 진로 탐색이 시작된다. 여행을 둘러싼 심화 학습을 위해 대학에 진학하기도 하고 여행과 직결된 직업의 장에 인턴으로 참여해서 경험을 더 쌓기도 하며 로드 스꼴라의 스태프로 남아서 후배들을 이끄는 역할을 하기도 한다.

여기서는 2009년에 진행된 '길머리 과정'을 좀 자세하게 살펴보자. '마을을 만나다'라는 주제로 16명의 십대가 참여했다. 프로그램은 대중교통을 이용해 경남 산청에 도착한 다음 각자 배낭을 챙겨들고 세동, 창원, 인월을 거쳐 전북으로 들어가 남원, 장수, 데미샘, 마령, 백운에 이르는 11박 12일의 도보 여행으로 시작되었다. 그 다음에는 진안에 있는 백운면, 마령면, 성수면 세 곳 마을에 십대들과 어른 스태프들이 세 팀으로 나누어 들어가 마을회관에 짐을 풀고 프로젝트를 진행한다. 세 곳 마을에는 평균 40~50가구씩 살고 있고 주민은 대부분이 고령의 할머니들이며 머문 기간은 총 18박 19일이었다.

이들 십대가 세 곳 마을에 머물며 하는 작업은 이랬다. 각 마을의 지도를 손수 만드는 일부터 시작한다. 그러기 위해서 우선 마을 곳곳을 훑고 다니며 집집마다 찾아가 주민 어른들께 정중하게 인사를 드리고 자신을 소개하는 등 인간관계를 맺어야 한다. 또 이곳 마을을 찾아올 십대 여행자에게 필요한 여행 가이드북을 준비하기 위해 온갖 정보를 수집하고 토론했다.

마을에 도착한 첫날 저녁에는 주민 모두에게 정식으로 인사를 드리는 마을 입소식을 기획하고 진행했다. 로드 스꼴라의 십대들이 동네 한 바퀴를 돌면서 온갖 손악기를 두드리면서 각설이처럼 행진을 하며 인사를 했다. 마을을 떠나기 전날에는 동네 할머니들께 배운 요리법으로 십대들이 직접 요리를 해서 마을 잔치를 열었다. 이렇게 온 몸으로 마을을 만나고 나면 로드 스꼴라의 십대들에겐 어떤 변화가 생길까?

우선 낯선 사람들에게 인사하는 법을 배운다. 도시 아파트에서 자란 십대들은 도시의 어른들과 마찬가지로 마주치는 사람들과 제대로 인사하는 법이 없다. 로드 스꼴라 참가자 16명은 모두 도시에서 나고 자랐다. 이들 역시 시골 마을에 와서야 처음으로 동네 노인과 주민들에게 제대로 인사하는 경험을 했다. 인사를 함으로써 모르던 사람과 인간관계를 만들고 그런 사람들과 마을 분위기를 만드는 것이 무엇인지 배웠다. 이들 십대는 자신이 살던 동네를 그렇게까지 샅샅이 훑고 다녀본 적이 없었다. 할머니들에게 한 끼 식사 준비를 일대일로 전수 받아본 적은 또 있었겠는가. 누군지도 모르는 또래가 마을을 찾아올 때 도움이 되라고 가이드 책을 만든 일도 해본 적이 없었을 테고 말이다.

이뿐이 아니다. 로드 스꼴라의 십대는 실패로부터 배우는 것이 무엇인지도 생생하게 경험했다. 처음에 이들은 십대 배낭 여행자들을 위해 농촌의 빈집을 여행자 숙소로 만들 계획을 갖고 있었다. 계획을 실행에 옮기는 과정에서 집 소유주의 동의를 구하는 것을 시작으로 빈집을 개보수 하는 노동과 기술, 비용 조달과 행정 관련 업무까지 직접 부딪히며 도전했다. 그러나 많은 시행착오 끝에 그 일은 18박 19일 안에 해내기엔 어려운 일이라고 판단을 내릴 수밖에 없었다. 목표는 이루지 못했지만 십대들은 빈집 하나를 리모델링하는 일에 얼마나 많은 고려 사항과 손길이 필요한지 알게 되었다. 나아가 마을에서 마주치는 낡은 빈집 각각에 얼마나 많은 사람들의 소중한 이야기가 깃들어 있는지도 느낄 수 있었다.

　이처럼 '마을을 만나다' 프로그램은 마을이 사라진 시대를 사는 십대에게 직접 몸고생을 통해 마을이 무엇인지를 체험하게 하는 것이 목적이다. 경남 산청에서 걷기 시작해 전북 진안의 세 곳 마을 어귀에 당도하는 그 기분은 해보지 않은 사람은 정말 상상하기 힘들 것이다. 난생 처음 가보는 마을 어귀에 11일간 걸어서 도착하면 그곳 마을에서 오랜 세월 뿌리를 내리고 살아온 주민들의 인생 이야기를 들을 마음까지 활짝 열린다는 사실도 마찬가지로 겪어보지 않으면 잘 알 수가 없다.

　로드 스꼴라를 운영하는 트래블러스 맵의 변형석 대표 말을 빌리면 '마을을 만나다'의 핵심은 도시의 십대가 농촌의 할머니와 할아버지에게 그분들의 살아온 이야기를 듣게 하는 데 있다고 한다. 도시의 십대가 농촌의 나이든 어른에게서 시대도 다르고 환경도 달랐던 인생 이야기를 듣는 이 행위는 무엇을 뜻하는 것일까? 변형석 대표는 이렇게 이야기했다.

　"마을 어르신들께 로드 스꼴라 십대들이 왜 여길 찾아와 머무는 건지 소개할 때 전 그냥 '손주를 빌려드립니다'라고 했어요.

그렇게 전국 각지의 농촌 마을 노인들에게 도시의 십대들을 손주로 빌려줄 수 있게 되면 세상이 어떻게 달라질까요?"

트러블러스 맵이 발행하는 월간지 〈로드樂〉 2010년 1~2월 합본호에는 아프리카 여행학교 경험담이 실려 있는데, 로드 스꼴라의 십대들이 '길머리 과정'에서 시골 마을을 만나며 배우는 것이 무엇인지에 대한 답도 같이 들려주고 있다.

"스스로에게 질문을 던지고 생각해보는 것이 공정여행을 하는 첫걸음이다. 케냐, 탄자니아, 말라위 아이들을 만났을 때 여행자로서 사진 찍는 태도와 하루에 한 끼밖에 먹지 않는 아이들이 불쌍하여 물건이나 돈을 주는 행위에 대해 이야기했다. '이렇게 하는 것이 맞다'라고 결론을 짓는 것이 아니라 어른과 청소년들이 서로 한마디씩 자신의 생각을 주고받을 수 있는 대화의 자리였다. 또한 어른과 어른 사이, 어른과 청소년 사이, 청소년과 청소년 사이에 여행자 개인이 하나의 모델이 되어 여행하는 방법, 여행하면서 사람과 소통하는 방법 등 서로 보고 배우는 장이 되었다. …… 분명 어른과 청소년들은 서로를 보며 배우는 장이 되었고 어른은 청소년에게 가르치지 않고 청소년은 어른에게 징징대지 않는 여행학교가 되었다."

타인의 몸과 부대끼며 살아가기

또 다른 사례를 소개하자. 1부에서 잠깐 예로 들었던 사회적 기업 오가니제이션 요리 이야기다. 이곳은 다문화와 다세대의 상생을 위해 여성가장, 결혼이주여성, 장애인, 청년, 청소년이 함께 레스토랑과 카페를 차려 공동체적 자립을 모색하는 회사다. 이곳에서 직원으로 일하는 이십대 청년의 이야기를 소개한다.

그는 18세 때 오가니제이션 요리의 공개 워크숍에 참여하는 수강생이었다. 그 후 오가니제이션 요리의 인턴이 되었고 21세가 된 2009년에는 정식 직원이 되었다. 여기까지였다면 그의 이야기는 십대 시절부터 착실하게 준비해서 취업에 성공한 사례의 하나였을 것이다. 물론 이것도 훌륭한 일이지만 인턴을 하던 십대 시절의 그에게 오가니제이션 요리가 제안한 흥미로운 역할은 따로 있었다.

그것은 오가니제이션 요리에 취업한 이십대 후반의 지적 장애인 청년과 파트너가 되는 것이었다. 구체적인 목표도 제시되었다. 장애인 청년이 자력으로 하루에 한판의 브라우니를 구울 수 있게 만드는 일. 그는 장애인 청년이 스스로 한 사람 몫의 일을 할 수 있게 하기 위해 하루 작업량을 계산하고 주간 계획을 세웠다. 그리고 브라우니를 굽는 전 과정이 무엇보다 즐거운 노동이 되도록 했다. 방법은 간단했다. 이십대 장애인 청년이 무슨 일을 하든지 함께 하며 서로를 돌보는 것을 즐겁게 느끼도록 하기. 결과는 대만족이었다. 장애인 청년은 오가니제이션 요리의 직원들 중에서 가장 잘 웃고 인사도 가장 잘 하는 직원이 되었다.

십대 인턴 시절을 그렇게 보낸 그는 이십대 초반 청년이 되어 현재는 한 고등학교의 장애인 특수 학급 십대들에게 베이킹 직업체험 워크숍을 진행하는 책임 강사로 일하고 있다. 그는 자신과 다른 타인의 몸과 부대끼며 함께 일하는 것, 서로를 보며 웃는 것, 파트너십을 통해 상호 학습하는 것 들이 어떻게 하나의 생활로 통합되어 즐거운 노동이 될 수 있는지 잘 보여준다. 무슨 대단한 비결이 있는 것이 아니다. 사람을 제대로 대하는 기본기를 알고 익히면 되는 것이다.

사람살이의 밑천

우리는 그동안 이런 사람살이의 기본을 팽개치고 제 앞가림만 신경을 쓰며 남보다 뒤처지지 않기 위해 내 옆 사람보다 앞서야 살 수 있다는 강박증에 사로잡혀 지냈다. 물론 경쟁도 사회 발전의 한 가지 원리이지만 그것만이 유일하고 절대적인 양 떠받들고 사람과 사람의 관계를 모두 경쟁으로 대체한다면 문제다. 경쟁 속에서 누군가를 돕는 것은 승자의 동정과 시혜 밖에 없다는 생각에 지배당하게 될 것이다. 협력 역시 사회와 경제를 발전시키는 핵심 원리이다. 나아가 사람은 우정과 호혜의 마음을 갖고 인간관계를 맺어야 살 수 있는 사회적 존재다. 경쟁자로서가 아니라 서로를 돕는 우애의 동반자로서 너라는 사람을 만나는 것, 이것이 사람살이에 얼마나 소중한 동기이자 밑천인지 겪어보지 못한 채 오직 자기 혼자 하기 나름이라고 맹신하며 앞만 쳐다보고 달리면 어떻게 될까?

〈한겨레신문〉 2009년 1월 3일자에 실린 김용석 교수의 칼럼을 인용하자. 옛날에는 '하지 말라'는 계명들이 많았던 반면 현대의 자기계발서는 "긍정적으로 사고하고 될 것처럼 믿고 된 것처럼 미리 행동하라"고 주문을 걸면서 끊임없이 자기 자신에게 '하라'는 암시를 주입한다는 주장이다. 자기 혼자 '할 수 있다'는 암시를 거는 데 시간을 보내고, 자기 혼자 '하면 된다'고 결정하는 법을 익히는 데에 돈을 쓰고, 나 혼자 '한다'는 최면 상태로 자신의 몸을 길들이는 것. 이런 자기계발서들이 이십대의 생활 신조를 지배하고 있다. 그러나 과연 주문대로 되기는 쉽지 않다.

"흔히 말하듯 마음먹어도 현실에 부닥치면 안 되기 때문이 아니라 마음먹기가 마음대로 되지 않기 때문"이라고 보는 것이 김용석 교수의 생각이다. 본디 마음이란 "불완전하고 불안정"한 것이기 때문이다. 그런 마음을 단단하게 붙잡고 평화롭게 유지하려면 자기 혼자의 노력만 갖고는 안 된다. 나의 이야기를 듣고 나를 도와줄 너라는 존재를 만나야 한다. 이것이 사회적 관계다. 자기 혼자 '하면 된다'고 믿으면서 하면 할수록 망치거나, 해도 해도 안 되는 절망에 빠져도 끊임없이 자기 자신을 채찍질하는 악순환 속에서 허우적대다가 인생을 끝내지 않으려면, 즉 사람으로서 살아보려면 로드 스꼴라처럼 도시의 십대가 농촌의 노인을 제대로 만나야 하고 오가니제이션 요리처럼 비장애인 십대가 장애인 이십대를 제대로 만나보아야 한다.

'할 수 있다', '하면 된다', '한다'는 김용석 교수가 35년 전 군부대 생활을 하면서 겪은 부대의 슬로건 변천사라고 한다. 이에 빗대서 웹 세대의 특성을 가진 십대에게 필요한 인생의 슬로건을 정해본다면 '만나면 한다'여야 하지 않을까 싶다. 나와 다르지만 나와 같은 사람으로서 내가 너를 제대로 만나게 되면 서로 인생을 바꿀 중요한 무엇인가가 일어난다는 뜻에서 말이다. ***

노인
사귀기

십대들이 씩씩이로 살아나갈 수 있는 또 하나의 방법을 이야기하자. 결론부터 말하면 노인 친구를 사귀는 일이다. 그런데 나이든 사람이라는 뜻의 노인이라는 말이 좀 애매해서 문제다. 도대체 몇 살부터 노인이라고 불러야 할까? 인생 평균 60세란 말은 이미 옛날이야기이고 지금은 인생 평균 80~90세가 된 시대다. 그러니 60세가 되었다고 해서 노인이라 부르는 것이 어색한 경우가 많다. 이와 같은 고령화 사회에는 의학 발전 등으로 기대 수명과 평균 수명이 길어지면서 기존의 제도나 관습과 부조화를 일으키는 갖가지 새로운 사회문제들이 발생한다.

예컨대 60세라 해도 지적 능력과 체력은 여전한데 사회 시스템은 인생 60세에 맞춘 퇴직 문화를 고수하고 있으니 인생 80~90

세가 되기까지 남는 20~30년을 어찌 살아야 좋은가 하는 문제부터 이야기해 보자. 이를 시간으로 계산하면 약 7~10만 시간이다. 여기에 구조조정이다 해서 퇴직 연령은 50대와 40대로 점점 낮아지고 있으니 남는 20~30년이 아니라 남는 40~50년 동안 무엇을 하며 살아야 좋은가 하는 고민에 빠지는 어른들이 늘고 있다.

한국의 고령화 속도는 세계에서 제일 빠르다고 한다. 노인인구 비율이 전체 인구 중 7퍼센트에서 20퍼센트로 증가하기까지 프랑스는 156년이 걸렸고 일본은 36년이 걸렸다고 한다. 반면 한국은 26년 만에 초고속으로 고령화 사회에 진입했다. 이것만으로도 큰 사회문제인데, 여기에 대학을 졸업하면 곧장 예비 신용불량자가 되고 결혼은 행운이나 다름없으며 출산은 부자들만 하는 사치로 여기는 청년기의 팍팍한 불안정 노동과 암울한 고용현실을 겹쳐놓고 보면 매우 심각하고 복합적인 사회문제가 도출된다.

청년은 일 없어 놀고 노년은 돈 많아 놀고

몇 가지 통계가 우리가 직면한 사회문제의 심각성을 다음과 같이 경고하고 있다. 1980년대까지는 가장 한 명의 경제활동이 4인 가족을 먹여 살릴 수 있었는데 1990년대가 되면 한 명이 벌어야 간신히 제 한 몸 먹고 살 수 있게 되었고 2000년대에 오면 한 명이 두 가지 이상의 일을 해야 제 한 몸 먹고 산다는 것이다. 2020년이 되면 청년 네 명이 경제활동을 해야 노인 한 명을 부양할 수 있다는 예측도 나와 있다. 한 마디로 예전에는 인생 선배가 후배 여럿을 먹여 살리는 구조였는데 갈수록 후배 여럿이 선배 한 명을 먹여 살리기도 힘든 기형적 구조로 바뀌고 있다는 소리다. 이것은 다름 아닌 은퇴 후에 받는 국민연금 이야기다. 〈조선일보〉 12월 20일자 송희영 논설실장의 칼럼을 보자.

"국민연금이 제대로 굴러가려면 무엇보다도 젊은 인구가 늘고 그 계층의 수입이 두툼해져야 한다. 애초부터 후계자 집단이 은퇴자를 부양하는 식으로 설계되어 있기 때문이다. 후손이 가난해지면 국민연금제는 신입 회원을 확보하지 못해 와르르 무너지는 다단계 판매 사기극과 엇비슷한 스캔들이 될 수 있다. …… 고도성장 시대에 누려온 ("아빠 세대"의-인용자) 혜택과 자리를 하나 둘 ("가난한 청년층"에게-인용자) 넘겨주지 않으면 기업도, 나라도 붕괴의 길로 달려간다."

칼럼은 "이십대, 삼십대가 가난해지기 시작한지 벌써 10여 년이 흘"러 우리 사회의 미래에 어떤 파국이 닥쳐올지 모르기 때문에 "40대 후반과 50대"에 속한 "아빠 세대"가 은퇴 시점을 연장해서 "아들딸 앞길 막는 상황"을 만들지 말고 일자리를 젊은이에게 양보하자고 주장한다.

얼핏 아름다운 세대 양보론처럼 들리고 실업난에 빠진 청년들을 위로하는 것 같기도 하지만 40~50대를 더 일찍 퇴직시키고 그만큼 20~30대 일자리를 늘리는 것은 미봉책일 뿐이다. 보수와 진보를 떠나 최근 청년 문제를 세대 간 착취라는 시각에서 보기도 하는데, 이는 청년 실업도 해결 못하고 중장년 조기 퇴직만 부채질하면서 세대 간 대립만 키우는 위험한 발상이다. 그보다는 기성세대가 자신의 일자리를 둘로 나누는 시도가 현실적이며, 이보다는 이십대와 십대가 새로운 시대의 환경에 맞게 자신의 직업을 직접 창조할 수 있게끔 사회와 경제의 모든 현장을 젊은이들의 일과 놀이와 학습의 장으로 개방하는 것이 훨씬 지속가능한 방법이다. 그렇게 모든 세대가 각자 자기 생애 주기에 맞게 일하며 서로를 잘 되게 돕는 지속가능한 방법 중의 하나가 청소년 및 청년이 노년층과 함께 세대 간 협력 모델에 따른 새로운 해법을 만드는 것이다.

주간지 〈시사IN〉 2009년 4월 4일자에 실린 '청년은 일 없어 놀고 노년은 돈 많아 놀고' 라는 기사를 참고해보자.

"오늘날 노년층(프랑스를 비롯한 영미권-인용자)은 제2차 세계대전 이후 태어난 베이비 붐 세대다. 이들은 경제 호황기를 누리면서 일자리가 풍부했고 사회적 신분 상승 역시 쉬웠다. 은퇴한 뒤에는 해외여행을 떠나거나 전시회와 극장 등을 다니며 문화생활을 즐기고 시골 별장에서 여유로운 나날을 보낸다. 매달 정부에서 나오는 은퇴 연금 덕에 생활비 걱정이 없기 때문이다."

이어 기사는 이들 노인의 생활상과 다르게 빈곤의 문제에 허헉

대고 있는 청년 세대의 초라한 실상을 비교한다.

언뜻 읽으면 영미권의 노인들은 참 좋겠구나 싶은 부러운 생각도 들고 프랑스의 청년 문제가 한국과 다를 게 없구나 싶기도 하다. 하지만 기사는 영미권의 노년층과 청년 세대가 놓인 빈부 격차를 부각하기 위해 작성된 것이 아니다. 세대 간의 연대의식이 핵심이다.

우리는 일본을 포함한 소위 선진국 사회의 노년층이 각종 자원봉사 활동에 얼마나 열심히 참여하는지도 같이 봐야 한다. 이들 선진국의 노년 인구 중 자원봉사 참여 비율은 무려 50퍼센트에 육박한다. 선진국의 노년층은 은퇴했다고 세상사로부터 떨어져 마냥 즐기며 살고 있는 것이 아니다. 생계비를 벌기 위해 일해야 하는 빈곤 노년층을 제외하고 국민연금을 받거나 해서 생계 문제로부터 웬만큼 자유로운 노인 대부분은 사회적으로 의미 있는 일을 한다. 그것이 자원봉사나 기부 같은 사회참여로 나타나는 것이다. 앞의 기사 역시 조심스럽게 희망을 타진하면서 이렇게 마친다.

"세대 간 불평등은 한편으로 청년 세대와 노인 세대의 상호의존성을 일상화한다. 그 예로 프랑스의 많은 대학생이 상대적으로 여유로운 조부모에게서 경제 지원을 받는다. 또 은퇴자들 가운데 어려운 청년에게 도움을 주는 이들도 있다. …… 이 같은 세대 간 연대의식은 현재 프랑스의 은퇴연금 시스템의 기본 원리이기도 하다. 젊은층이 낸 세금이 노년층의 연금으로 지급되기 때문이다. 경제 위기로 위협받는 세대 간의 상호 연대감이 여전히 프랑스 사회를 지배하는 잠재된 힘임엔 분명하다."

일하지 않는 사람들 일할 수 없는 사람들

앞서 소개한 쇠이유 협회의 베르나르 올리비에는 《떠나든, 머물든》에서 그러한 "세대 간 연대의식"의 중요성을 다음과 같이 역설하고 있다.

"어리석은 노인은 자신의 특권과 은퇴 수당을 늘리기 위해 나이의 무게를 사용할 것이다. 어리석은 젊은이는 자기들이 투자한 배당금을 얻어낼 가망이 점점 멀어지면서 돈 내는 걸 거부할 것이다. 나는 차라리 '작은 다리'를 만들 것을 제안한다. 이러한 연대의 통로는, 시간과 지혜를 갖춘 우리가 세대 사이에 만들 수 있다. 살아온 시간과 60년의 경험을 통해 배운 선배들이 좀 더 연대의 정신을 가지고 있기 때문이다. …… 무언가를 기부한다는 게 무엇보다 자기 자신에게 주는 선물이라는 걸 이해하는 데는 아마도 평생이 걸릴지 모른다. '게으른' 우리는 그걸 통해 자신으로부터나 타인으로부터나 존중 받게 되고 뭔가를 만들어낸다는 행복을 느끼게 된다. 그건 이미 알고 있는 사실이다. 은퇴자들은 매년 9억 800만 시간을 기부한다. 기부는 아마도 완벽한 평등이 이루어지는 유일한 영역일 것이다."

우리 사회에서도 세대 간 연대의식을 잘 발휘하면 고령화 시대의 노인 문제와 청년 및 청소년 문제를 동시에 풀 수 있다. 서로 부족한 점을 보완해주는 파트너의 측면에서 보아도 노인과 십대, 이십대는 서로 어울릴 수 있는 충분한 시간적 여건을 갖고 있다. 반면 지금의 40~50대 부모 세대는 자녀들 먹여 살리고 학비를 버느라 일에 매달려서 자녀와 함께 3박 4일 걷기 여행을 할 시간도 내지 못하는 처지다. 그러면서 직장에서는 자아실현과는 거리가 먼 무의미한 노동을 반복한다. 스트레스에 찌들어 집에 가면 동거하는 다 큰 자녀에게 한 마디 한다는 것이 시대의 흐름과 동떨어진 구태의연한 훈계이기 쉬워서 부모자녀 관계는 더욱 안 좋아진다.

40~50대 부모들은 자녀에게 공부 잘 해라, 성적 올려라, 어서 취직해라, 결혼 빨리 해라, 그래서 먹고 살겠느냐 등등 거의 동일한 잔소리를 반복한다. 그렇게 하다보면 웹 세대의 특성을 가지고 자라난 자녀들은 더욱더 자기 안으로 숨어들게 되고 심하면 은둔형 외톨이가 된다. 그럼에도 부모들은 그것을 알아채지 못한 채 계속 같은 야단을 친다.

후타가미 노우키의 《일하지 않는 사람들 일할 수 없는 사람들》(2005, 홍익출판사)에 똑같은 이야기가 나와 있다. 저자는 일본의 은둔형 외톨이, 등교거부 청소년, 니트족 청년들이 새 출발을 하게 돕는 뉴스타트 운동의 창시자이다. 그는 일본의 십대와 이십대 자녀들이 부모에게 가장 자주 들었던 말이 무엇인지 알아봤는데 다음과 같았다. "자립해라, 다른 사람에게 폐 끼치지 마라, 인생의 목적을 가져라" 등등. 부모에게서 이런 훈계를 계속 듣고 자라면 우리 식 표현대로 찌질이가 되고 만다. 그럼 어떻게 해야 할까? 지은이는 이렇게 말한다.

"그런 대답을 들은 나는 다음과 같이 즉시 부정해버린다. 자립할 필요는 없다! 다른 사람과 의지하며 살아가라! 인생에 목적은 없다. 단지 인간으로서 즐기며 살아가라!"

옛날 같으면 노인 소리를 들을 60세 목전의 늙은 아저씨에게 이런 소리를 들으면 일본의 십대나 이십대는 어리둥절해한다고 한다. 살면서 그런 말을 어른에게서 들어본 적이 없었기 때문이다.

좋은 인생이란 노년기에 시작해서 청년기에 끝내는 것

미국 현대문학의 아버지로 칭송받는 소설가 마크 트웨인은 '좋은 인생이란 노년기에 시작해서 청년기에 끝내는 것'이라고 했다. 인생의 경험과 지혜를 쌓은 노인은 청년의 활력을 빌려 일하는 것이 좋고, 혈기왕성하나 방향성을 세우지 못해 방황하는 청년은 노인의 슬기를 빌려 일하는 것이 좋다는 비유다.

이러한 생각을 비유가 아니라 현실의 프로젝트로 옮긴 이들이 바로 쇠이유 협회의 노인들이다. 한 마디로 노년기에 십대를 친구처럼 돕고 사귀면서 세대 간 연대를 실천하는 것은 노인의 인생 이모작 방편으로나 청소년 및 청년 문제를 해결하는 데에서나 두루 효과가 좋은 창의적인 발상이다. 이처럼 나이와 경험의 차이로부터 서로 배우고 돕는 세대 간 연대의 방법이 세대 간 전투를 벌이는 것보다 훨씬 지속가능하다.

사회의 인구 구성과 생존 조건이 크게 바뀌었기 때문에 이제는 과거처럼 한 세대가 똘똘 뭉쳐서 앞 세대를 비판하며 봉기해서 권력을 나누는 일이 용이하지 않다. 이점에서 십대와 이십대를 두고 새로운 세대론을 거론하는 의도가 무엇이든 그것은 세대 간에 함께 만들어갈 우애와 신뢰의 창의적 관계 형성이라는 실천으로 모아져야 한다. 베르나르 올리비에가 강조했듯이 세대 간에 작은 다리를 만드는 데에 초점을 둔 일상의 관계들부터 복원해야 한다. 이는 노인을 비롯한 은퇴한 어른들이 십대와 이십대에게 자신의 시간을 기부하는 일로부터 시작된다.

쇠이유 협회에 합류한 이들은 대부분이 정년 은퇴, 조기 퇴직, 실업 상태에 있는 어른들로서 "더 이상 사랑할 줄 모르고 계산만 하려는 시스템에 의해 '폐품' 취급을 받거나 이득 또는 손실로 간주되길 거부한 사람들"이다. 이렇게 각성한 어른들이 자신의 풍부한 인생 경험과 다양한 네트워크를 돈이나 물질보다 먼저 시간으로 기부하면서 십대와 이십대의 친구가 되는 것이 중요하다.

불안정한 단기적 일자리를 급조해 시혜를 베풀 듯 나눠주는 생색 이전에, 또 눈높이를 낮추어 도전하지 않고 쉽고 안전한 길만

가려고 한다고 일방적으로 퍼붓는 야단 이전에, 먼저 시간을 내서 관계를 형성하고 함께 몸 부대끼며 눈물을 흘려보는 "완벽한 평등이 이루어지는" 세대 간 연대의 경험을 나누는 것이 몇 백배 더 소중하며 먼저 이뤄져야 한다. "인간으로서 즐기며 살아가라!"며 권유하고 그치는 게 아니라, 후타카미 노우키처럼 일을 같이 하고 타인과 만나게 하고 함께 즐거움을 누리게 하는 진짜 경험들 속에서 젊은이들은 찌질이의 굴레로부터 걸어나와 자신의 인생을 다르게 설계해볼 자신감을 갖게 된다.

"우리들 세대(한국으로 치면 핫 세대와 쿨 세대 부모들—인용자)에 취직한 사람의 대부분은 '회사원'이므로 회사 이외의 일이나 삶에 대해 말해달라고 해도 해줄 이야기 거리가 없다. …… 당연히 아이는 그런 아버지의 뒷모습을 보고 있다, 자신들에게도 취업은 혹독한 현실이다. 게다가 아버지처럼 생애를 회사에 바치면서 살아도 결국 마지막에 아무런 보상도 받지 못한다. 자신 또한 입시 경쟁 속에서 좋아하는 일이나 흥미 있는 일을 생각할 여유도 없이 주위 분위기에 휩쓸린 채로 공부하고 진학해 왔다. 그렇기 때문에 특별히 하고 싶은 일도 없다. 어떻게 해야 하는가."

후타카미 노우키는 그의 책에서 이렇게 서술한다. 막막해 하면서도 일단 대학에 들어가면 뭐가 되지 않을까, 일단 취직하면 뭐라도 풀리지 않을까 하며 학교와 학원의 쳇바퀴만 돌리고 있는 현재의 웜 세대를 지적한 말이다.

이런 십대와 이십대에게 후타카미 노우키의 뉴스타트 운동은 '시코쿠 88'를 순례하는 세대 간 연대의 실천에서부터 시작된다. '시코쿠 88'이란 1,000년도 더 전에 일본의 한 스님이 자신의 고향 시코쿠를 순례하며 차례차례 세운 절이다. 그 절들은 현재 도쿠가와, 고치, 에히메, 카가와 4개 현에 나뉘어 있는데 모두 합하면 88개라고 한다. 후타카미 노우키가 십대, 이십대와 '시코쿠 88' 순례길을 도보 여행하는 이유는 지금의 젊은 세대에게는 취업 정보를 주고 사회에 무조건 적응하라고 하기 이전에 "우선 살아가는 기쁨을 경험할 장소와 프로그램을 제공하는 것"이 더 중요하다는 것을 잘 알고 있기 때문이다.

그렇게 지혜와 경험을 나눠줄 수 있는 핫 세대 노인들이 우리 사회에는 아주 많다. 아쉬운 것은 세계 최고의 고령화를 기록하는 한국 노인의 자원봉사 참여율이 2006년 통계청 조사 결과 6.5퍼센트라는 사실이다. 1990년대부터 노인의 사회 참여 욕구가 높아지면서 관련 단체도 늘기 시작했다니 이제야 모색 단계인 셈이다.

핫 세대 노인들은 할 일이 없는 게 아니라 너무 많다. 쇠이유 협회나 뉴스타트 운동처럼 꼭 도보 여행을 해야만 하는 것도, 로드 스꼴라처럼 농촌 마을에 가야만 하는 것도 아니다. 예컨대 노리단에는 60대에 은퇴하고 제2의 직장으로 노리단을 선택해 영어회화를 가르치거나 공연을 나갈 때 대형 트럭을 운전하면서 젊은 단원들과 즐겁게 일하는 노인 2명이 있다.

세대 간 연대를 실천하는 데에서 관건은 어떤 일을 하느냐가 아니라 어떤 분위기를 만드느냐이다. 다시 노리단의 예를 들면 직원 중 최고령자는 63세이고 최소연자는 17세인데, 이 두 사람이 신체와 경험의 차이 때문에 서로에게 배울 것이 많다는 사실을 다른 단원들이 지지하고 주목하는 분위기면 충분하다. 오가니제이션 요리에서 여는 요리 워크숍에는 60세의 주부 요리사와 삼십대의 호텔 출신 전문 쉐프와 십대 수강생이 함께 어울리는데 분위기는 마찬가지다. 그렇게 환경이 조성되면 노인과 젊은이 사이에서는 경제적 교환과 다른 사회적 관계의 호혜가 일어나고 서로 돕고 배우는 모습이 나타난다. 그리고 이러한 사례로부터 구성원 전체가 활력을 얻는다. 활력이란 애매한 표현이 아니다. 그것은 내가 일하는 곳이 '살아가는 기쁨을 경험할 장소와 프로그램을 제공하는 곳'이라는 점을 생생하게 경험하는 것이다.

이점에서 우리 사회의 중추를 형성하고 있는 40~50대 쿨 세대가 맡을 역할이 있다. 십대와 이십대가 노인 친구를 사귈 수 있도록 세대 간 연대의 장을 주선하는 것이다. 거창하게 생각하지 말고 자신이 속한 사회와 경제의 각 현장에서 작게 제공하면 된다. 박재동 화백의 발상처럼 동네 골목의 떡볶이 아줌마뿐 아니고 청소하고 간병하고 아기 돌보는 모든 노인이 십대에게 가르칠 것이 있다. 대기업의 연로한 회장님뿐 아니고 아파트 노인정이나 양로원에 있는 모든 노인이 십대의 인생 고민을 상담할 수 있다. 핵심은 그런 만남이 환대받는 장소에서 이루어지고 관심을 갖고 지켜보는 사람들 속에서 일어나는 것이다. 십대와 이십대에게 일회용 알바나 애매한 인턴 자리를 주며 변명하는 대신에 쿨 세대는 그런 만남의 장과 분위기를 정성껏 준비해서 제공하는 일부터 시작해야 한다. ***

스티브 잡스
와
마더 테레사

이번에는 앞에서 사례로 들었던 사회적 기업에 대해 본격적으로 이야기를 해보자. 우리 사회에서 사회적 기업에 대한 논의는 1980년대 중반 이후 시민사회에서 촉발되었고, 민관산학의 중지를 모아 사회적 기업 육성법이 제정된 것은 2007년이다. 이때를 전후해 '아름다운 가게'와 같은 창의적인 사회적 기업들이 많이 등장하게 되었다. 요즘에는 대학에서 경영학, 경제학, 복지학, 사회학, 인류학, 정치학 등 거의 모든 학문 분야에서 사회적 기업 관련 강의를 개설하고 있으며 아예 사회적 기업 학과를 신설한 곳도 있다. 이처럼 사회적 기업은 우리 사회의 고질적인 문제와 새롭게 등장하는 문제를 해결할 창의적인 대안이자 동시에 새로운 몸과 정신을 갖고 자라는 십대, 이십대에게 잘 어울리는 창의적인 일터로 떠오르고 있다.

나아가 사회적 기업가라는 새로운 인간 유형에 주목하면서 그 자질이나 능력을 일찍부터 배우고 익히게 할 목적으로 십대는 물론 초등학교 연령대의 어린이부터 사회적 기업가가 어떤 사람인지를 알려주고 배우게 하는 흐름이 세계적인 추세다. 사회적 기업가의 출신과 배경을 보면 풀뿌리 시민운동가, 사회공헌에 눈을 뜬 기업가, 전직 공무원, 제2의 인생을 꿈꾸는 은퇴자, 고령자 등으로 다양하다. 하지만 젊은 세대로부터 창의적이고 성공적인 사회적 기업가가 대거 배출될 것이라는 기대가 갈수록 커지고 있기 때문에 어린시절부터 교육을 하는 것이다. 영국에서는 중고등학교 교과서에 사회적 기업을 소개하고 초등학교 교실로 사회적 기업가를 초대해 강연을 듣고 워크숍을 벌인다. 미국의 공영방송 PBS는 청소년 프로그램 안에 '사회적 기업가 정신'을 별도의 코너로 두어 운영할 만큼 비중 있게 다룬다.

이렇게 해서 등장하게 될 젊은 사회적 기업가의 길은 국가의 공무원도 아니고, 시민운동가나 사회복지사도 아니고, 대기업의 직원도 아니면서 그 모든 방식을 새롭게 융합해서 사회문제를 기업가적 정신으로 풀어나가는 창의적 영역이다. 이처럼 경계를 넘나드는 창의적 능력을 일찍부터 기르도록 권장하고 육성하기 위해 사회적 기업가를 가리켜 '스티브 잡스의 혁신적 기업가 정신과 마더 테레사 수녀의 헌신적인 돌봄 정신을 결합한 새로운 인재상'이라는 비유가 등장했다. 이는 스티브 잡스와 테레사 수녀를 짬짜면처럼 반반 결합해서는 나올 수 없고, 처음부터 그 두 가지가 거의 유전자 수준에서 통합된 능력으로 발휘되어야 사회적 기업가라는 새로운 인재상이 등장할 수 있다는 뜻이다.

수사법을 빌려 사회적 기업가를 재차 정의하면 이렇다. 마더 테레사의 '사회적'에 스티브 잡스의 '기업가'를 합쳐 1+1을 했을때 결론이 2가 아니고 3을 끌어내는 사람이 바로 사회적 기업가이다. 이들은 새로운 직업을 창조할 뿐 아니라, 정부, 기업, 시민단체, 국제기구 등 기존의 영역에 들어가서도 혁신을 일으키고 있다. 그런 까닭에 "사회적 기업가란 어떤 사람인가?"하는 질문이 뜨거운 주제가 되고 있으며 사회, 문화, 경제, 정치, 심리 등 다양한 분야의 국내외 연구자들이 사회적 기업가의 특성을 밝히려고 노력하고 있다.

물론 간단하게 생각하면 사회적 기업가란 사회적 기업을 하는 사람이다. 그렇게 출발하면 사회적 기업이 어떤 조직인가를 파헤치면 될 터인데, 사회적 기업이란 기후 따라 지역 따라 역사 따라 문화 따라 제도 따라 사람 따라 전부 다른 팔색조의 모습을 띠고 있어서 애를 먹게 된다. 나 역시 사회적 기업에 대해 강의할 때 처음에는 '기업가의 정신과 방식으로 사회문제를 해결하면서 그 일을 직업으로 삼는 사람들의 조직'이라고 설명을 했지만 성에 안 차서 다음과 같이 바꾸게 되었다. 사회적 기업이란 어떤 사회문제에 관심을 가진 사람(일찍부터 사회적 기업가의 자질과 능력을 길러온 사람)이 '사회적'과 '기업'을 자기 나름대로 정의한 다음 양자를 더할지 뺄지 곱할지 나눌지 계산법을 정해서 태어나는 맞춤형 조직이라고. 이것은 사회적 기업의 실체가 다양하다보니 사회적 기업을 만들고 운영하는 사회적 기업가라는 사람이 어떤 사람인지를 파헤치는 쪽으로 탐색의 방향을 튼 것이다. 성공적인 사회적 기업가들에게서 어떤 공통점을 찾게 된다면 그것을 한데 모아 '정신'이라고 불러서 십대와 이십대에게 사회적 기업가의 상을 제시하고 그에 맞게 인재를 발굴 육성할 수 있지 않겠느냐 하는 발상에서 나온 접근법이다.

그런데 정신이라고 하면 어렵게 생각하는 사람들이 적잖다. 한자, 영어, 한글 모두 '정신'이라는 말은 형이상학적인 개념이고 뉘앙스에서 오묘하고 신비한 힘이 있어서 난해하게 느껴지기 때문이다. 그러니 정신이라는 말 대신에 태도라는 표현을 써보면 이해하기에 좀 더 수월해진다. 무엇다운 태도를 기르다보면 그것이 습관이 되고 정신으로 내면화되는 것이니 말이다. '사회적 기업가라는 인재를 만드는 사회적 기업가의 태도라는 것이 있다'라고 말하면 좀 더 분명해진다.

사회적 기업가 정신

그럼 이제부터 사회적 기업가 정신이 무엇인지 살펴보자. 다음부터는 모두 정신이라고 쓰지만 태도라고 바꿔서 읽어도 좋다. 사회적 기업가 정신을 정의하는 방법에는 '사회적' 의 정신이 무엇인지부터 공부하는 순서와 '기업가' 의 정신이 무엇인지부터 탐구하는 순서가 있다. 각자 끌리는 대로 정하면 된다. 여기서는 기업가 정신이 무엇인지부터 이야기해보자.

기업가 정신을 말할 때는 '앙트르프르니어십Entrepreneurship' 이라는 단어를 주의 깊게 살펴 볼 필요가 있다. 이 단어는 기업가를 뜻하는 프랑스어의 '앙트르프르뇌르Entrepreneur' 에 영어의 접미어 '~십ship' 을 합쳐서 만든 단어로서 '기업가 정신' 이라고 번역한다.

프랑스어에서 기업가를 뜻하는 말은 '착수하다' 는 프랑스어 동사 '앙트르프랑드르Entreprendre' 에서 나왔다. 영어에서 기업을 뜻하는 '엔터프라이즈Enterprise' 와 기업가를 뜻하는 '엔터프라이저Enterpriser' 도 같은 어원에서 나온 것이다.

'~십' 이란 단어도 살펴보자. 프렌즈십, 리더십, 멤버십은 물론 스킨십이라는 콩글리쉬까지 있을 만큼 자주 쓰이는 이 '~십' 의 어원은 요즘 영어로 해석하면 '쉐이프Shape' 라고 할 수 있다. 쉐이프는 '하는 방법, 생활양식, 모습, 꼴' 이란 뜻이다. 즉 어떤 상태가 되는 것, 그것이 기술이나 예술이나 직업 수준으로 되는 것, 그 성향을 내재화하는 것, 그에 따른 이름과 직책을 말한다. 이 모든 뜻을 가리켜 '정신' 이라고 번역하는 것인데, '~십' 의 뜻을 살려서 보면 어떤 정신 상태가 되기 위해 그 방향으로 계속 형상화를 하는 일상의 태도들이 왜 중요한지도 알 수 있다.

재미있는 것은 엔터프라이즈가 영어로 회사를 뜻하는 말로 쓰이게 된 배경이다. 사실 영어권 지역에서는 오래 전부터 기업가 또는 기업을 말할 때 컴퍼니Company, 비즈니스Business 등을 더 널리 사용해 왔다. 그런데 200년 전에 장 밥티스트 세이라는 경제학자가 굳이 앙트르프르너어십이라는 단어를 골라서 사람들에게 불쑥 내밀었다. 그 뒤로 100년 후 미국의 경제학자 조지프 슘페터가 다시 이 단어를 끄집어내서 재차 강조했다. 그때부터 유행이 되어 요즘은 거의 모든 기업이 영어 표기를 할 때 엔터프라이즈라고 쓰고 있다. 왜 이렇게 굳이 새로운 단어를 골라내서 쓰기 시작했을까?

장 밥티스트 세이와 죠지프 슘페터는 당시 기업가들에게서 기업가 정신에 깃들어있던 핵심이 점점 심각하게 오염되고 있다고 개탄하면서 그 정신을 반드시 되살리겠다고 결심한다. 그래서 그때까지 널리 쓰던 단어를 버리고 생소한 단어를 선택했던 것이다. 이들에 의하면 기업가 정신이란 단지 이윤을 많이 내도록 회사를 경영하는 솜씨만이 아니다. 기업가 정신이란 기업 활동을 통해 사회를 이롭게 만들겠다는 사명감과 분리될 수 없으며 때문에 끊임없이 자기 자신과 기업 조직을 혁신하는 창의적 본성이 있어야 하는 것이었다. 그들은 그런 기업가 정신이 표백되고 타락해서 돈만 많이 벌면 최고라고 하는 잘못된 기업가 정신이 양산되고 있다고 비판적으로 바라보았다.

이런 취지를 살려서 기업가라고 쓸 때에도 한자로 다음과 같이 뜻을 구별해서 써야 한다는 주장이 설득력을 얻고 있다. 카이스트 안철수 교수가 대표적인 주창자다. 그는 '기업가 정신'을 한자로 쓸 때 보통 사용하는 '꾀할 기企'를 쓰지 말고 '일으킬 기起'를 써야 한다고 강조한다. '일으킬 기'의 기업가 정신은 무에서 유를 일으키고 남들이 안 된다고 한 것을 되도록 만드는 창업자의 정신과 일맥상통한다. 그것을 꼭 해야 하겠다는 마음으로 실패를 두려워하지 않고 10번 넘어지더라도 11번째에 일으키는 것이 창업가의 정신이자 바로 기업가 정신이라는 것이다.

여기에 '사회적'을 앞에 붙이면 '사회적 기업가 정신'이 된다. 〈경향신문〉 논설위원 유병선의 《보노보 혁명》(2007, 부키)을 참고하자. 책에 따르면 100년 전 조지프 슘페터가 되살린 '기업가 정신'을 기업의 영리 활동 영역에 국한하지 말고 사회의 모든 영역으로 확장하자는 뜻으로 1970년 빌 드레이튼이 '사회적 기업가 정신'이라는 개념을 창안했다고 한다. 빌 드레이튼은 세계의 사회적 기업가를 발굴하고 교육하며 육성하는 대표적 조직인 아쇼카Ashoka 재단을 만든 인물이다. 아쇼카란 기원전 3세기경 윤리적인 정치로 경제 성장을 구현한 인도 황제이다. 현재 세계 각지에 아쇼카 재단을 통해 사회적 기업가로 활동하는 사람이 60개국 1,700여 명에 이르며 지금도 계속 늘고 있다. 〈한겨레신문〉

2009년 11월 13일자에 실린 한겨레경제연구소 이원재 소장과의 인터뷰에서 빌 드레이튼은 이렇게 말한다.

"한국은 지금의 아이들과 젊은이들이 사회적 기업가 정신을 갖출 수 있게 사회의식과 창조성을 동시에 갖추도록 교육해야 합니다. 아쇼카에서는 '유스 벤처' 프로그램을 운영하고 있습니다. 이 프로그램은 12~20살의 학생들이 인터넷 라디오 방송, 상담 서비스, 소기업 창업 등을 경험하도록 지원해 줍니다. 미국에서 매년 10만 명의 젊은이가 자신의 꿈으로 팀을 만들고 성과를 내는 체험을 하도록 해 줍니다. 이런 노력이 젊은이들에게 사회적 기업가 정신을 확산시킬 것이라고 봅니다. 이런 일에 참여하려는 아이들에게 '교과서나 보고 더 많이 외워서 시험이나 잘 봐라'고 이야기한다면 어리석은 일입니다. 한국 경제의 십 년 뒤 경쟁력은, 결국 이런 사회적 기업가 정신을 갖춘 사람을 얼마나 많이 고용하고 있느냐에 달려 있을 것입니다."

이처럼 새로운 유형의 인재상으로 부상한 사회적 기업가들은 정부, 기업, 시민단체가 실패하고 있는 여러 영역과 이슈를 다루면서 창의적인 발상과 혁신적인 노력으로 성장에 대한 과거의 관념을 바꾸고 있다. 경제적 이윤뿐이 아니라 사회적이고 환경적으로도 두루 만족할 수 있는 새로운 성장 모델을 통해 개인의 삶과 지역 공동체, 인류의 미래에 희망을 제시하고 있는 것이다.

그 희망을 가리켜 빌 드레이튼은 배고픈 자에게 물고기를 주는 게 아니고 물고기를 잡는 법을 알려주는 것이며 나아가 '어업을 통째로 바꾸는 것'이라고 비유한다. 이처럼 어업을 통째로 바꾸는 일은 관련 제도를 바꾸는 것만으로는 부족하다. 일할 의욕과 살아갈 의지를 잃은 이들이 스스로 물고기를 잡고 싶게끔 몸과 마음을 바꾸게 하는 새로운 직업이 필요하다.

그것이 1부에서 말한 사람들의 "비물질적이고 초월적인 욕구"를 실현하는 일자리다. 이 일자리는 스티브 잡스만 되는 것(시장의 성공)이 아니고 테레사 수녀만 되는 것(돌봄의 실천)도 아니다. 세계적인 환경운동가인 레스터 브라운만 되는 것(환경의 가치)도 아니다. 그들의 혁신적이고 창의적인 요소를 잘 합쳐서 새로운 정체성을 만드는 것이다.

이런 유형의 인재와 새로운 직업들이 많이 창조되려면 십대 시절부터 사회적 기업가 정신을 호흡하면서 그에 맞는 몸과 마음의 태도를 빚어봐야 한다. 그러면 대학과 대학원을 나오고도 실업에 시달리며 불안에 떠는 이십대 청년 문제의 양상은 근본적으로 달라질 수 있다. 청소년 문제를 바라보는 시선과 해법에서도 새로운 지평이 열릴 것이다. 사회적 기업가라는 새로운 몸과 마음을 요청하는 시대의 흐름이 도도하기 때문이다. 더욱이 십대는 뉴미디어와 쌍방향 네트워크에 능숙한 세대라서 어른들이 조금만 도우면 십대 때에 바로 세계적인 사회적 기업가로 도약할 수 있다. 그런 사례가 많이 나오는 것이 우리 사회를 구하는 길이다.

성공하는 사회적 기업가가 갖추어야 할 여섯 가지 자질

끝으로 '성공하는 사회적 기업가가 갖추어야 할 여섯 가지 자질'을 소개하고자 한다. 이는 사회적 기업가들의 존재를 세상에 최초로 알린 저술가로 평가받는 데이비드 본스타인의 《달라지는 세계》(2008, 지식공작소)에 나오는 것이다. 그는 2004년에 이 책을 쓰면서 머리말에 이렇게 썼다.

"이 책 집필이 끝나가던 무렵 나는 아버지가 되었다. 내 아들 엘리야는 이제 여섯 살이다. 아이를 보며 나는 경이로움 반, 불안감 반으로 나 자신에게 묻곤 한다. 저 아이가 저 자신을 믿도록, 그리고 저 아이가 자신이 이 세상을 고칠 능력이 있다고 믿도록 어떻게 키울 것인가? 자신의 아이디어와 자신의 내면에서 흘러나오는 목소리를 스스로 존중하도록 하려면 대체 어떻게 키워야 하는가? 다른 사람에 대해 깊이 배려하는 사람으로 키우려면 어떻게 하면 될까?"

아버지로서 갖게 된 이런 질문에 대해 저자는 사회적 기업가 정신에서 대답을 찾았다. 그가 꼽은 여섯 가지 자질을 차례대로 소개하면 이렇다.

1. 자기 교정 의지 2. 업적 공유 의지 3. 기존 틀에서 자유롭고자 하는 의지 4. 영역을 넘나들고자 하는 의지 5. 조용히 일하고자 하는 의지 6. 굳건한 도덕성.

나는 강의를 할 때 이를 다시 세 가지로 압축해서 전달한다. 먼저 기존 틀에서 자유롭고 영역을 넘나들고자 하는 의지는 한 마디로 끊임없이 자신의 관점과 태도를 교정하겠다는 의지와 상통한다. 이는 문제를 새롭게 재발견할 줄 아는 문제 발견 능력이다. 이것이 첫째다. 다음은 업적을 공유하려 하고 조용히 일하고자 하는 의지이다. 세상 모든 일은 혼자 할 수 있는 게 거의 없다. 문제를 진짜 해결하는 것은 누군가와 함께 파트너십을 맺을 때라야 가능하다. 이것이 두번째 자질, 문제 해결 능력이다. 셋째는 굳건한 도덕성이다. 데이비드 본스타인은 이렇게 설명한다.

"따지고 들자면 사회적 기업가와 일반 기업가는 별반 다르지 않은 생명체에 불과하다. 둘 모두 같은 방식으로 문제에 대해 고민하고 때때로 의문을 제기한다. 두 사람의 차이는 각자의 기질이나 능력에 있는 것이 아니라 어떤 세계관을 갖고 있는가에 있다. 마지막 질문 하나. 기업가는 세계 최대 러닝슈즈 회사를 세우는 꿈을 꿀까, 아니면 전 세계 모든 아이들에게 예방접종을 하는 꿈을 꿀까?"

도덕성이란 결국 꿈꾸는 것이 무엇인가에 달려 있다. 자신이 어떤 사람이 되기를 꿈꾸며 성장하는가에 달려있다. 같은 책에 소개되기를 유럽 통합의 청사진을 제시한 철학자이자 행동가인 장 모네는 꿈을 가진 사람을 딱 두 부류로 나누고 있다. '대단한 일을 하고 싶은 사람'과 '대단한 사람이 되고 싶은 사람'이다. 우리 사회의 어른들이 지금 십대에게 무엇을 권장하고 있는지는 다

알 것이다. 남들이 다 인정하는 '대단한 사람'이 되라고, 부와 명성을 가진 사람이 되라고, 그러기 위해 명문대에 들어가야 하고 공무원이나 대기업에 취직해야 한다고 앵무새처럼 같은 주문만 반복한다. 그 등쌀에 떠밀린 십대와 이십대는 도리어 '별 볼일 없는 사람'이 될까봐 혹은 남보다 뒤쳐지면 어쩌나 하는 두려움에 사로잡혀서 황금 같은 청춘기를 학교와 학원과 고시촌에서 다 보내고 있다.

우리가 할 일은 분명하다. 십대들에게 자신의 인생을 바꾸고 세상을 바꾸는 대단한 일을 꿈꿀 수 있게 해야 한다. 그것이 대단한 일인 이유는 지구를 구한다는 식의 고상한 차원을 갖기 때문이 아니다. 그보다는 일상의 사회적 관계를 경험하면서 너라고 하는 타인의 존재를 알게 되고 함께 행복하게 살고 싶어지는 것, 그래서 자기 혼자 대단한 사람이 되는 것이 아니라 사회를 좀 더 살만한 세상으로 만드는 대단한 일에 인생의 목표를 두는 세계관을 갖는 것이야말로 대단한 일이기 때문이다. 그런 생각을 갖고 살아가는 십대에게서 사회적 기업가의 여섯 가지 자질이 길러지고 그런 경험들이 모아지고 쌓이면서 창의성의 원천이 된다. ***

서로 다른
세 명

  오히라 겐의 《새로운 배려-젊은 그들만의 코드》에서 봤듯이 요즘의 웹 세대는 고민이 생기면 주변 사람에게 도움을 요청하지 않고 혼자 끙끙 앓다가 정신과에 가서 모르는 의사에게 상담을 받는다. 또래 단짝 친구들이 있기는 하지만 사이토 다마키의 《폐인과 동인녀의 정신분석》에서 봤듯이 가벼운 화제 위주의 사교에 그칠 뿐 인생 고민을 터놓는 관계로 깊게 들어가지 않는다.

  사람을 제대로 만나는 경험은 사회적 기업가의 여섯 가지 자질에 나오듯 나 혼자 '대단한 사람'이 되려고 하는 게 아니라 너라는 파트너를 찾아서 '작지만 대단한 일'을 같이 해보는 데서 나온다. 중요한 것은 파트너십을 만드는 방법이다. 십대나 이십대에게는 관심과 자질과 경험이 서로 다른 세 명 이상이 팀을 이뤄 보라고 권하고 싶다. 그래야 빌 드레이튼이 강조한 "사회의식과 창조성을 동시에 갖추"는 조건을 작게나마 직접 만들어볼 수 있기 때문이다. 왜 그런지 이야기를 시작해보자.

요즘 십대는 고등학교 졸업 후 대부분 대학교에 진학한다. 대학생이 되면 그때부터는 교사나 부모의 도움 없이 '스스로 알아서 해야 한다'는 소리를 부쩍 많이 듣기 시작한다. 물론 헬리콥터 부모니 캥거루족이니 하는 신조어가 나올 만큼 세태가 달라지긴 했지만 아직도 대학생이 되면 이런 사회 통념이 주는 부담에서 자유롭지 못하다. 게다가 지금이 어떤 세상인가. 마을 공동체가 해체된 이후 국가 복지로 지켜왔던 육아, 교육, 의료, 주거 등의 공공 서비스들이 효율과 경쟁 만능의 논리에 따라 시장에서 돈을 내고 소비하는 것으로 바뀌고 있다. 이뿐이 아니다. 핫 세대와 쿨 세대까지는 학업, 취업, 결혼 등 인생의 주된 과업을 어느 정도는 공공 제도와 사회적 관계에 의탁해서 해결해왔는데 이제는 그것을 각자 알아서 능력껏 하라는 개인 능력주의 문화로 대체해버렸다. 《아무도 남을 돌보지 마라》는 책 제목처럼 모두가 자기 앞가림만 신경을 쓰는 세상이 된 것이다.

그러나 대학생이 되었다고 해서, 대학을 졸업했다고 해서 혼자 할 수 있는 게 뭐가 있을까? 거의 없다. 스펙을 쌓아도 소비를 해도 취업을 해도 부모가 의식주를 도와주지 않으면 생활이 불가능하다. 상황이 이런데도 어른들과 사회는 대학생이 되었으니 '스스로 알아서 하라'고 앞뒤가 안 맞는 소리를 한다. 이런 말에 짓눌려서 혼자 쳇바퀴를 돌리고 돌리다가 부모를 생각하면 미안하고, 선배를 보면 대단하고, 옆을 보면 다 엄친아와 엄친딸 같고, 자신을 돌아보면 한심한 것이 이십대 청년의 심정이다. 자신이 또래보다 못난 것 같아 눈치 보고 잔머리 굴리기에 바빠서 내 고충이나 약점을 친구나 선배에게 털어놓고 도움을 받으면 된다는 생각을 못한다. 혼자 걱정하고 혼자 대책 세우다가 혼자 포기하고는 앞으로 더 노력하면 되겠지 하는 현대판 자기계발서의 주문을 암송하며 청춘을 보내는 것이다.

그런 이십대 대학생을 만나서 "너는 인생의 경쟁에서 승자가 될 것이라 생각하는가?"라고 대놓고 물어보면 대부분 아니라고 고개를 흔든다. 남들이 다 하니까 뒤처지지 않기 위해 하는 것이지 잘 될 것이라고 믿기 때문에 하는 것이 아니라는 소리다. 다 알고 있는 것이다. 결국에는 모두가 패자가 된다는 것을. 그렇다면 다르게 살아보려고 해야 할 텐데 그렇게도 하지 못하고 있다. '나만 뒤처지면 어떻게 하느냐?'는 두려움 때문에 모두가 패자가 되는 게임인데도 저마다 혼자가 되어 하루살이 인생을 반복하고 있다.

서로 다른 세 명 모여라

한편 이런 삶에 반대하며 사람으로서 숨 쉬고 살기 위해 인생의 새로운 길을 찾아 떠나는 이십대 청년들이 나타나기 시작했다. 2010년 3월 10일 '오늘 나는 대학을 그만 둔다, 아니 거부한다' 라는 대자보를 남긴 고려대학교 경영학과의 김예슬도 그중하나다.

"더 많이 쌓기만 하다가 내 삶이 한번 다 꽃피지도 못하고 시들어 버리기 전에. 쓸모 있는 상품으로 '간택' 되지 않고 쓸모 있는 인간의 길을 '선택' 하기 위해. 이제 나에게는 이것들을 가질 자유보다는 이것들로부터의 자유가 더 필요하다. 자유의 대가로 나는 길을 잃을 것이고 도전에 부딪힐 것이고 상처받을 것이다. 그러나 그것만이 삶이기에, 삶의 목적인 삶 그 자체를 지금 바로 살기 위해 나는 탈주하고 저항하련다."

김예슬은 "길을 잃을 것" 이라고 역설적으로 표현했지만 이제부터 실로 다양한 길을 접하게 될 것이다. 그리고 그 길들 위에서 자신과 다른 누군가를 만나서 물어보고 그에게 도움을 받게 될 것이다. 그 과정에서 인생을 걸어볼만한 프로젝트를 찾을 것이며 함께할 동료를 만나게 될 것이다. 이것은 십대는 물론이고 김예슬과 같은 이십대들에게도 자발적으로 선택하고 책임을 져보는 첫 번째 사회적 관계일 것이며 파트너십으로 만드는 생애 최초의 조직일 것이다. 일하고 놀고 학습하는 것을 모두 스스로 기획하고 실행하며 수정 보완하는 진짜 경험이 시작되는 것이다. 이때 십대와 이십대가 생각을 잘 할 것이 하나 있다. 처지가 같고 생각이 같다고 비슷한 사람끼리 모이지 말고 서로 다른 사람들이 모여야 한다는 것이다. 그것도 두 명이 아니라 세 명 이상은 모여야 한다.

만약 죽이 잘 맞는 두 사람이 만나서 판을 벌인다고 생각해보자. 비유컨대 침실 아니면 고문실의 관계가 만들어지기 쉽다. 연애를 생각해보면 이해가 될 것이다. 둘이 서로의 얼굴만 보면서 밀고 당기는 관계는 침실로 직행해서 사랑의 황홀감을 맛보기도 하겠지만, 삐끗하면 서로를 일방적으로 고문하는 것이나 다름없는 피폐함을 주기도 한다. 이는 동전의 양면과 같다. 100퍼센트 황홀감을 유지하려다가 100퍼센트 피폐함으로 치닫는 게 연애의 법칙이다. 너 아니면 나뿐이니 한 쪽만 비틀거려도 두 사람 모두 휘청거린다.

반면 사고방식과 행동방식이 다른 세 명이 모이면 양상이 달라진다. 둘이 의견이 맞고 한 명이 다를 때는 소수 의견을 낸 사람을 끌어들일 수 있는 새로운 아이디어나 분위기를 만들게 된다. 둘이 싸운다면 남은 한 명이 새로운 타협안을 만들어 중재를 한다. 의견을 내봐도 이것 아니면 저것인 양자택일이 아니라 서로 다른 세 개의 안을 합치고 나누면서 훨씬 더 좋고 다양한 방안들을 만든다. 1을 점으로 보면 2개는 있어야 선이 그어지고 3개가 있어야 직선들이 연결되면서 비로소 면이 된다. 면을 세우면 입체가 되어 부피가 생기고 거기에 존재감이라는 무게가 실리면 힘이 생긴다. 1은 근원이자 출발점이며 3은 최초의 완성을 뜻하는 셈이다.

숫자 3에 얽힌 속담, 사자성어, 생활격언 등에도 같은 논리가 담겨 있다. 부자가 망해도 삼대를 간다, 삼 일 굶으면 남의 집 담장을 넘어간다, 무조건 삼세판 등의 말에 나오듯 숫자 3은 어떤 한계점을 넘어가는 기준을 가리킨다. 삼고초려三顧草廬나 참을 인忍 세 번이면 살인도 면한다는 말에 나오는 숫자 3 역시 목적을 성취하거나 위기를 극복하는 기본을 뜻한다.

그러나 반드시 기억해야 할 것이 있다. 세 명이 모여도 서로 다른 사람이 모여야 한다는 점이다. 어쩔 수 없이 비슷한 이들끼리 시작한다 해도 같은 학교, 같은 학과, 같은 나이끼리 팀을 유지하는 것 만큼은 피해야 한다. 창업을 해도 친한 친구끼리 뭉치면 좋을 것 같지만, 위기에 봉착하는 순간 세 명의 해법이 똑같아서 한 명이 하는 것과 다를 게 없는 경우가 의외로 많다. 그렇게 친한 친구들끼리 창업하면 사업을 망치는 것에서 그치면 다행이지만 친구끼리 우정도 망치게 되는 경우가 많다. 뜻한 일에 제대로 도전도 못해 본 채 어영부영 그만 두지 않으려면, 또 실패하더라도 함께 동고동락한 파트너들끼리 등 돌리는 일이 없으려면 처음부터 배경이나 경험이 다른 세 명이 모이는 것이 좋다.

서로 다른 세 명이 모일 때 중요한 것은 경험과 관심사와 일하는 방식이 어떻게 다른지 자세히 아는 일이다. 그렇게 서로에 대해 인식하고 있는 차이의 조합들로부터 진정한 융복합이 일어나 새로운 것이 나온다.

　서로 다른 세 명이 모여서 팀을 운영해보면 직감적으로 알게 되는 것이 또 있다. 세 사람이 힘을 합쳐서 잘 할 수 있는 것과 외부의 도움을 받아야 하는 것을 구별하는 분별력이다. 무엇을 하든 성공적인 사례를 보면 팀 내부의 의지나 노력에 더해 외부의 도움이 제때에 잘 뒷받침되어 있는 경우가 대부분이다. 외부에 도움을 요청할 때를 늦지 않게 결정하고 행동하려면 같은 정보와 같은 판단을 가진 비슷한 부류의 사람들보다는 서로 다른 정보와 판단을 가진 다양한 사람들의 상호 검증이 훨씬 효과적이다.

　창업을 하는 경우라면 다음 세 종류의 사람이 만나야 한다. 의미를 읽는 사람, 관계를 엮는 사람, 돈을 만드는 사람. 이 세 사람이 팀을 이뤄야 창의적 파트너십을 발휘할 수 있는 조직의 바탕이 만들어진다. 그래야 의미, 관계, 돈 각각에서 팀에 부족한 것을 파악하고 그때그때 외부의 도움을 요청할 수 있는 종합적 판단력이 생긴다. 이에 비춰보면 우리 주변에는 의미를 읽는 사람들만 모이거나 관계를 엮는 사람들만 모이거나 돈을 만드는 사람들만 모이는 팀이 의외로 많다. 끼리끼리 모여야 편하기 때문이다.

　같은 종류의 사람들끼리 모인 팀과 서로 다른 세 명이 모인 팀이 결정적인 차이를 보이는 순간은 실패를 경험할 때다. 실패에 임하는 태도가 다른 것이다. 생각해보자. 우리는 단 한 번의 실패도 없이 성공만 하는 인생이란 허구에 가깝다는 것을 경험상 알고 있다. 사람들이 무수한 실패 뒤에 찾아오는 한 번의 성공에 감동을 받는 이유도 그래서다. 그럼에도 우리는 실패를 피해가려고 한다. 실패가 싫고 무섭기 때문이다. 이런 심리가 굳어지면 한 번의 실패조차 피해가려다가 결국 아무 것도 시도를 안 하게 된다. 성공이란 무수한 실패 다음에 오고 그것도 애초 생각했던 것과 다른 길로 오는 법이다. 성공한 사람은 실패를 불가피한 것이자 필연적이라고 생각하고 그 경험으로부터 더 많은 것을 배우려는 태도를 갖는다.

거스 히딩크 축구 감독의 말을 인용하자. 자전적 에세이 《마이 웨이》(2002, 조선일보사)에서 그는 실패에 대해 이렇게 말한다. "축구는 실패투성이 게임이다. 골을 만들어내기 위해 수많은 드리블과 패스를 시도하다 겨우 한두 골로 승부를 결정짓는 경기다. 그런데 그 숱한 시도들은 대부분 실패로 끝난다. 따라서 축구는 실패를 컨트롤하는 경기다. 정확한 슈팅을 날리고 정확한 패스를 하는 게 중요하지만 축구의 속성상 부정확한 게 훨씬 많다. 따라서 한번 실패했다고 체면이 손상되는 건 아니다."

한두 골 차이로 승패를 가리기 위해 전후반 90분 동안 11명의 선수가 서로 다른 포지션에서 숱한 실수와 실패를 반복하는 축구는 대단히 비효율적인 경기다. 그럼에도 축구가 사랑을 받는 것은, 여러 번의 실패 뒤에 찾아오는 성공을 향해 실패를 딛고 딛고 앞으로 나아가는 인생의 감동 드라마를 닮았기 때문이다.

이점에서 같은 부류끼리 모여 있는 팀은 실패를 딛고 나아가기 어렵다. 한 명만 실패해도 순식간에 구성원 모두가 실패를 예감하면서 바로 주저앉아버리기 쉽기 때문이다. 반대로 서로 다른 세 사람이 모인 팀은 한 명이 실패해도 그 실패를 삼등분 이하의 비중으로 줄일 수 있다. 해보지 않았던 다른 두 사람의 방법을 찾아서 다시 도전하면 되기 때문이다. 이처럼 팀 안에 다른 경험, 다른 방법, 다른 기회가 있기에 실패를 두려워하지 않는 것이다. 이를 히딩크 감독은 실패를 컨트롤한다고 했지만, 적극적으로 표현하면 실패의 과정을 즐기는 것이다. 이런 팀이 결국엔 성공한다. "단 한 번의 실패보다 단 한 번의 성공을 위해 얼마나 많은 시도를 했느냐가 축구에서는 훨씬 중요하다. 실패는 얼마든지 있을 수 있기 때문이다."

용기를 내서 경쟁 만능의 롤러코스터에서 내려온 이십대와 십대에게 가장 먼저 필요한 것은 실패를 두려워하지 않고 컨트롤하는 것, 즉 실패의 과정을 즐길 줄 아는 몸과 마음의 감성부터 만드는 것이다. 그러자면 혼자 하지 말고 최소한 서로 다른 세 명이 팀을 이뤄서 하라는 것이다. 실패에서 배우고 서로 격려하는 과정을 즐겁게 만드는 문화는 비슷한 부류끼리 모여 있는 동질적인 팀이 아니라 서로 다른 사람들의 파트너십에서 나오기 때문이다. 이런 팀에 있으면 '나만 뒤처지면 어떻게 하지?' 같은 두려움에 빠지는 일도 없고 외부에서 큰 시련이 닥쳐도 모두가 똑같이 떠는 일도 없다.

단 한 번의 성공을 위해 얼마나 많은 실패를 했는가

리더십을 기른다는 관점에서 봐도 그렇다. 요즘 보면 어린이부터 기업 임직원까지 거의 전 연령대를 대상으로 리더십 주제의 각종 강연과 교육 프로그램이 난무하고 있다. 리더십에 대한 정의는 다양할 수 있지만 동아리를 운영하든 작은 회사를 경영하든 리더십이란 결국 남에게 일을 맡겨서 좋은 성과를 내게 하는 솜씨다. 이 솜씨만을 따로 분리해서 온갖 기법과 처세술과 화법을 가르치고 배우려고 하지만, 인생관으로 바라보면 리더십은 나와 비슷한 사람과 어울려본 경험이 아니라 나와 전혀 다른 종류의 사람과 파트너십을 맺어본 경험만큼 길러진다고 할 수 있다. '남에게 일을 맡긴다'는 것은 당근과 채찍으로 사람을 부리는 기술이 아니라, 상대가 나와 다르다는 것을 이해하고 존중하면서 그 차이로부터 창의적인 협력을 이끌어내는 관계의 철학이기 때문이다. 따라서 직원을 일회용 건전지처럼 쓰고 새 건전지로 교체하지 않고, 매번 더 많은 보수와 조건을 내걸면서 거래하듯 끝내지 않고, 직원 스스로 리더와 함께 하고 싶다는 생각이 들게끔 만드는 것이 제일 훌륭한 리더십이다.

그래서 가급적 이른 나이 때부터, 초보자로 작게 시작할 때부터 그런 경험을 쌓자는 것이다. 현장 탐방, 독서 토론, 인생 상담, 자원 활동, 창업 시도 등 무엇이든 해보면 혼자 알아서 하는 것보다 서로 다른 세 명 정도가 모여서 팀을 만들어 하는 것이 낫다는 것을 느끼게 될 것이다. 일을 시작한 이상 실패는 반드시 일어나게 되어 있고 그것을 피하고 싶어 하는 것이 인간 본성이지만, 다양성을 가진 팀에서 파트너십을 갖고 활동하면 즐겁게 재도전할 힘이 생기고 더 높은 목표를 향해 나아갈 수 있다. 그러다보면 무엇보다 자기 자신부터 혁신하게 되고 잠재력을 발굴할 수 있을 것이다.

자신을 혁신하고 잠재력을 키운다는 것은 다른 게 아니다. 앞서 본 사회적 기업가의 여섯 가지 자질 안에 고스란히 들어 있다. 영역을 넘나들고 기존 틀에서 자유롭게 되려면 혼자 있거나 자신과 똑같은 사람들만 모여서는 어렵다. 나와 다른 사람들과 파트너십을 맺어야 서로의 영역을 넘나들게 되고 자신의 틀에서 벗어나 볼 수 있게 된다. 또 그러자면 나만 '대단한 사람'이 되려고 해서는 안 된다. 파트너와 업적을 공유해야 한다. 조용히 일하면서 자신부터 먼저 교정하려고 노력하는 사람이 되어야 한다. 이런 경험이 도덕성의 토대를 만든다. '만나면 한다'는 슬로건으로 말했듯 자신의 인생 고민을 혼자 결정하지 말고 내 옆에 있거나 등 뒤에 있는 누군가를 제대로 만나서 도움을 받아야 한다. 그래야 뭐가 되도 된다. ***

우리에게
생애 첫 자금을
달라

이번에는 십대, 이십대들에게 필요한 몇 가지 정치적 주장에 대해 이야기해보자. 정치는 신문 정치면에만 있는 이야기가 아니다. 경제면, 사회면, 문화면, 국제면 등 모든 영역에서 내가 느끼는 부당함과 불편을 개선하려고 하다 보니 다른 이들의 고통이 무엇인지 알게 되고, 함께 만나서 공감하고 이야기를 시작하다보니 세상을 바꾸는 정치가 시작된다. 십대들 역시 지금부터 공부를 해두길 바란다. 살펴볼 정치적 주장들은 찌질이가 되어버린 이십대 인생을 씩씩이의 청사진으로 바꾸기 위해서뿐 아니라 촛불을 들었던 십대들이 '대단한 일'을 하는 청년으로 성장하기 위해서도 꼭 필요한 것이다. 단, 준비할 것이 하나 있다. 바로 "명함"이다. 예비 정치인들이 돌리는 명함과는 조금 다르다. 여기서 말하는 명함은 이십대와 십대들이 자기 세대의 리더십을 상징할 "정치적 이름"을 말한다.

그런 이름 중 하나가 "88만원세대"다. 지금은 익숙한 단어지만 사실 이십대를 가리켜 88만원세대라고 부른 것이 얼마 되지 않았다. 우석훈과 박권일이 함께 쓴 《88만원세대》(2007, 레디앙)가 나온 뒤부터다. 그럼에도 이 이름이 짧은 시간 안에 강렬한 이미지를 갖고 널리 확산된 것은 88만원세대라는 정치적 이름이 불러일으킨 감성의 파급력이 매우 컸기 때문이다. 88만원세대라는 이름은 이십대 당사자들에게 슬픔, 절망감, 무력함과 함께 헛된 환상을 벗어나 척박한 현실로부터 무엇을 할 것인지 직면하게 만드는 정치적 각성의 자극제가 되었다.

이러한 각성을 시작으로 우리는 2010년 지금 두 가지의 중요한 정치적 사건을 목격하고 있다. 하나는 앞서 예를 든 고려대학교 경영학과 3학년 김예슬의 자퇴 선언이다. 또 하나는 15~39세 청년들이 연대하여 만드는 세대 중심의 노동조합 청년 유니온의 등장이다.

대학생 자퇴와 노동조합 설립이라는 이 두 가지 정치적 사건은 한 마디로 '취업스펙기계가 된 이십대도 사람이다'는 선언이자 '대입시험기계가 된 십대도 사람답게 살고 싶다'는 호소이다. 집-학교-학원을 뺑뺑이 돌면서 십대를 보내고 대학에 간 뒤에는 스펙하고 맥잡하다 이십대를 보내는 롤러코스터에서 그만 내려와야 살 것 같다는 생존의 비명이자, 이제는 규격품과 불량품이 아닌, 나 자신에게 어울리는 맞춤형 인생을 살고 싶다는 사람살이의 본능적인 자각이다. 나는 이것이 불합리한 제도나 기성세대의 기득권에 맞서되 그것에만 얽매이지 않고 지도 바깥으로 나가서 직접 대안적 길을 만들겠다는 웹 세대의 새로운 정치 선언을 예고하는 서곡이 아닐까 생각한다.

우리도 사람이다

이제 남은 과제는 이십대와 십대들이 '사회'와 '경제'의 현장에서 저마다 맞춤형 인생을 모색하는 것과 더불어 다음과 같은 정치적 요구 사항을 분명하게 주장하는 것이다. 여러 현안과 많은 분석과 다양한 대안 제시가 있겠지만 여기서는 국민 세금의 용처에 초점을 맞춰 말해보자. 정치란 결국 국민 세금의 향방과 쓰임새를 정하는 여론 게임이니 말이다. 주장할 것은 청소년 공교육 강화니 청년 실업 대책이니 해서 여기저기 나눠 쓰고 있는 국가의 각종 세금을 한데 모으고, 이리저리 낭비되는 세금들을 잘 보태서 다음과 같은 방식으로 '청년들에게 돈을 달라'는 것이다. 하나는 기본소득의 방식이고 다른 하나는 생애 첫 자금의 방식이다. 먼저 기본소득에 대해 살펴보자.

"우리나라의 연간 총생산물(재화와 서비스)의 가격에서 기계와 건물의 감가상각비, 원료와 반제품의 비용, 그리고 각종 세금을 뺀 것을 전체 인구수로 나누면 아기를 포함한 한 사람에게 돌아가는 돈이 대체로 2,000만 원이 된다. …… 우리나라의 경제적인 힘은 모두에게 ─부자든 빈자든, 취업자든 실업자든, 어린애든 어른이든─ 기본생활을 할 수 있는 '기본소득'을 줄 수 있다. 집에서 가사노동을 하는 주부에게도, 학교를 다니는 학생들에게도, 취업을 한 적이 없는 실업자에게도, 기본소득을 그들의 은행계좌에 매월 넣어주는 제도를 확립하면, 장래에 대한 불확실성과 불안정성이 대폭 줄어들면서 지금 우리 사회가 직면하고 있는 거대한 사회적 낭비를 제거할 수 있을 것이다."

2010년 1월 25일자 〈경향신문〉에 실린 김수행 성공회대 석좌교수의 칼럼을 인용한 것이다. 국가가 모든 세대와 모든 계층의 사람에게 동일한 기본소득 Basic Income 을 주자는 주장이다. 매월 나오는 기본소득의 용처와 결과는 각자 책임지면 된다. 기본소득을 시행하면 월, 주, 하루 단위로 벌어먹고 사는 하루살이에서 벗어나 일 년 단위의 긴 호흡으로 인생을 설계할 수 있게 된다. 모든 사람에게 매월 약 160만여 원의 기본소득을 줄 여력은 김수행 교수의 판단에 따르면 우리 사회의 현재 경제력이면 된다고 한다. 학부모들과 시민사회의 광범위한 요구에 의해 '무상급식 혁명'이 점차 현실화되듯이 '기본소득 혁명'도 일어나지 말란 법은 없지 싶다.

기본소득을 국가 차원에서 전면적으로 실시하고 있는 사례는 아직 없지만 유럽은 1980~90년대부터 논의가 활발해져서 복지 정책의 대안 중 하나로서 점점 현실화하고 있다. 시행중인 비슷한 제도로는 미국의 알레스카 영구기금이 있다. 지역의 석유 수입에 따른 수익을 기금으로 조성해 매년 전 주민에게 똑같이 나눠주는 제도로 2009년엔 4,000달러씩 나눠주었다. 경제가 성장하면 국민의 살림살이도 좋아질 것이라는 맹신으로부터 조금씩 벗어나고 있는 우리 사회에서도 누구에게나 동일한 기회를 제공하는 보편적 복지 국가에 대한 논의가 본격화되기 시작했다. 이런 분위기에서 이십대와 십대들이 기본소득을 한 목소리로 주장하면서 정치적 힘을 모은다면 멀지 않은 시간 안에 그 비슷한 것들이 모색되기 시작할 것이다.

이처럼 기본소득에 주목하는 이유는 그것이 청년문제에만 국한된 해법이 아니기 때문이다. 대학등록금 후불제, 행정인턴제, 청년고용할당제 등도 중요한 사안이지만 자칫 세대 간 대립구도에 갇혀 대학생에 한정된 현안처럼 취급될 수 있기에 모든 사람에게 기본소득을 주자고 이십대가 앞장서서 주장하자는 것이다. 그러면 십대들은 대학과 취업이라는 획일적인 쳇바퀴를 벗어나 자신의 이십대를 다양하게 전망할 수 있게 될 것이다. 또한 기본소득 개념을 자신의 인생 문제를 풀어갈 하나의 해법으로 접근하면 국가, 시장, 시민사회, 사회적 기업 등으로 이루어진 복합적인 사회 구조와 관계망에 대해 젊은이들이 전체적인 시야를 형성할 수 있게 될 것이다.

　리처드 세넷의 《뉴캐피털리즘》(2009, 위즈덤하우스)을 보면 기본소득과 같은 새로운 개념들이 등장하는 배경과 문제의식을 소개하고 있다. 요약하면 세계를 휩쓴 미국식 시장 만능의 폐해가 너무 심각한데 그렇다고 과거 북유럽식 복지국가의 모델로 돌아가기도 어려운 상황에서 "시간을 재구성함으로써 사람들이 길게 보고 인생 설계를 할 수 있게 하는" 새로운 시도를 찾게 되었고 그 중 하나가 기본소득이라는 것이다. 자신의 시간을 당장의 생존이나 눈앞의 경쟁이 아니라 긴 호흡으로 연결해서 바라볼 수 있어야 저마다 맞춤형 인생의 대안을 개척할 여유를 갖게 된다. '대입시험기계'와 '취업스펙기계'가 되어버린 십대와 이십대에게 자신의 인생을 보다 자유롭고 창의적으로 설계할 수 있는 사회경제적 기초를 제공하는 것이다.

　매월 자신의 통장에 기본소득이 들어오면 이십대와 십대는 생각이 많아지고 고민은 깊어질 것이다. 꾸준히 적립해서 목돈을 만들고 어디에 쓰면 좋을까 상상도 하고, 긴 여행 계획도 짤 것이고, 사랑하는 연인끼리 같이 살 방을 구하기도 할 테고, 등록금에 보태기도 하고, 가족을 위해 쓰기도 할 것이다. 혹은 서너 명이 돈을 모아서 창업 자금을 만들기도 하겠고 다달이 어디에 조금씩 기부를 할 수도 있을 것이다. 또는 주식에 투자하거나 게임만 하거나 명품 충동구매를 할지도 모르겠다. 하지만 걱정할 필요는 없다. 일 년이라는 비교적 긴 호흡의 시간을 내다보게 되면 자신의 선택에 대해 심사숙고하고 상상하고 도전하는 힘을 더 많이 기르게 될 것이다. 이런 십대와 이십대를 가리키는 이름으로 88만원세대나 웹 세대는 더는 어울리지 않을 것이다. 그럼 뭐라고 이름 지으면 좋을까. 모든 국민에게 기본소득의 개념을 제시한 기본소득 세대라고 부르게 될까.

우리에게 생애 첫 자금을 달라

이처럼 학생도 아이도 은퇴한 노인도 전업 주부도 모두 매월 160만여 원씩 기본소득을 받는다는 발상에 대해 혹자는 공상적이다 사회주의다 뭐다 하겠지만 현실적인 이유를 들 때에는 역시 국가의 예산 부족을 거론할 것 같다. 하지만 예산 논쟁은 건너뛰자. 그렇다 치면 모든 국민으로 확대하지 말고 우선은 젊은 세대부터, 미래의 성장 동력이자 고령 인구의 국민연금을 떠받치고 살아야 할 젊은이들에게 여러 번도 아니고 딱 한번 생애 첫 자금을 지원하는 제도를 시행하는 건 어떨까.

《88만원세대》에 소개되어 있는 스웨덴의 생애 첫 자금 지원 프로그램은 1990년대 후반부터 시행되었는데 스무 살이 되는 모든 청년에게 우리 돈으로 약 2,000만 원의 자금을 무상으로 지원하는 것이다.

"돈을 받은 사람은 등록금에 보태거나 주거권에 사용할 수도 있다. 많은 대학생들은 이 돈을 가지고 전 세계로 배낭여행을 떠나기도 한다. 국립대학이라서 등록금을 내지 않는 이 상황에서 주어지는 2,000만 원은 스웨덴 청년들이 경험과 지식을 높이는 데 상당한 기여를 하게 된다."

이렇게 스무 살이 되어 생애 첫 자금을 받고 다양한 인생을 설계하는 이들 청년을 가리켜 생애 첫 자금 세대라고 불러도 좋겠다. 북유럽에서는 대학 등록금이 없거나 매우 저렴한데도 생애 첫 자금을 준다고 하니 이런 사회적 응원과 지지를 받으며 자란 청년들이라면 사회와 경제의 공동체를 위해 자발적으로 무엇을 해도 할 것이다. 그것도 즐겁고 의미 있게 하지 않겠는가.

《뉴캐피털리즘》에 의하면 생애 첫 자금과 같은 발상을 기초자본Basic Capital이라는 개념으로 소개한다.

"기초자본이란 젊은 성인들에게 교육비, 주택 구입비, 만약을 대비한 비상금 등의 용도로 제공하는 목돈을 가리킨다. 이는 미국 예일대의 헌법학자 브루수 애커만이 적극적으로 주장하는 개념이다. 영국 의회는 이러한 기초자본 개념에 따라 젊은이들에게 목돈을 지급키로 하는 법을 제정했다. 물론 젊은이들이 손에 쥐게 될 목돈은 검소한 부자들의 주머니에서 나올 것이기는 하지만 말이다."

한 마디로 기초자본이란 세대 간 연대의 정신을 사회적 합의로 실행한 것이며 세금을 낸 어른들이 젊은 세대에게 준 기회이다.

우리도 고등학교를 졸업하는 나이의 모든 젊은이에게 '생애 첫 자금'으로 2,000만 원 정도씩 국민 세금으로 준다면 세대 간 착취라는 오명을 듣는 "검소한 부자"들과 기성세대도 사회적 체면을 세울 수 있다. 세대 간 연대를 실천한 아시아의 대표 사례로 세계가 주목하는 빅뉴스의 주인공도 될 것이다. 그럼 우리 어른들도 이십대와 십대에게 나눠준 것이 있다고 큰 소리를 칠 수 있다. 생애 첫 자금을 주었으니 인생을 똑바로 살라고, 목돈을 낭비하지 말고 더 높은 목표를 향한 도전에 쓰라고 훈계도 할 수 있다. 물론 걱정부터 먼저 하고 트집부터 잡자고 들면 반대 이유야 또 많이 있을 것이다. 예산 타령부터 도덕성 해이와 경쟁력 저하와 기타 등등 말이다.

얘들아, 농촌에 공익근무하러 가자

그렇다면 이렇게 주장하자. 분단국가의 특수성 때문에 생긴 남자의 군복무 의무제와 여기에서 파생된 공익근무제를 저성장 고실업 사회에 맞게 획기적으로 재설계해서 만성화된 청년실업을 극복할 새로운 인생 전환 프로젝트로 활용하자고 말이다. 일정한 연령대가 된 모든 남녀 청년에게 군복무와 농촌 공익근무 중에서 하나를 선택, 수행하게 하고 숙식 제공과 실업급여 수준의 월급을 보장하는 것이다. 세세한 정책 설계를 차치하면 남녀 청년 반반씩 군대도 가고 농촌 공익근무도 가면 제일 좋다. 농촌에 가는 공익근무 청년들을 육아, 교육, 간병, 농사 등에 배치하면 찌질이 청년상에도 변화가 올 것이고, 공동화되어 있는 농촌 마을에도 새로운 전기가 마련되는 등 다방면에서 큰 효과를 낼 수 있다.

나만 뒤처지면 어쩌나 두려움에 사로잡혀서 사람을 제대로 만나보지 못하다보니 찌질이가 되는 것이기에 이십대 청년이 농촌 공익근무를 통해 일대일의 돌봄 서비스에 종사하면서 사회적 관계를 경험한다면, 씨 뿌리고 파종하고 물 주고 거름 주며 기다리고 가꾸는 농사일을 해본다면 몸과 마음에 변화가 일어날 수밖에 없다. 또한 전국 농촌에 고질적인 일손 부족을 해결하고 세대 간 연속성도 복원해 다시 아이들 웃음소리가 들리는 농촌 마을을 만들 수도 있다. 농촌 공익근무가 실현되면 대도시의 사회문제나 해외의 저개발 국가들이 갖는 빈곤 문제를 해결하는 데에서도 이십대 청년의 공익근무제를 활용하는 발상이 가능해진다. 이렇게 살아본 이십대들이 사회생활을 시작한다면 그들의 연애, 결혼, 직업, 출산 등 인생에 대한 생각과 태도도 씩씩하게 바뀌어 있을 테고 그럼 사회도 그만큼 바뀔 것이다.

실업 급여로 나가는 돈, 청년 인턴제로 쓰는 돈, 희망근로에 배정된 돈 등 탈도 많고 비판도 많은 정책에 예산을 쓰지 말고 잘 모아서 군복무와 농촌 공익근무제를 도입하는 데 쓴다면, 또한 처음에는 작게 시작해서 효과를 확인한 후에 단계별로 확대 시행한다면 얼마든지 실현 가능하다. 하기 싫어서 그렇지 버릇처럼 말하는 국가예산 부족론은 변명에 불과한 것이다. 이처럼 지금의 이십대가 기본소득 세대, 생애 첫 자금 세대, 농촌 공익근무 세대 등 새로운 이름을 상상하기 시작한다면 십대들도 선배의 꿈꾸는 모습을 보면서 자신의 새로운 인생을 꿈꾸게 될 것이다.

만약 이런 발상들이 단지 꿈일 뿐이라고 느낀다면 MBC TV 드라마 〈베토벤 바이러스〉(2008, 이재규)에 나왔던 대사처럼 이십대들이 일단 꿈을 꾸기라도 해보면 되는 것이라고 말하고 싶다.

"꿈? 그게 어떻게 니 꿈이야? 움직이질 않는데, 그건 별이지. 하늘에 떠 있는, 가질 수도 없는, 시도조차 못하는 쳐다만 봐야 하는 별. …… 니가 뭔가를 해야 될 것 아니야? 조금이라도 부딪쳐 보고 애를 쓰고 하다못해 계획이라도 세워봐야 거기에 니 냄새든 색깔이든 발라지는 거 아니야? 그래야 니 꿈이지. …… 꿈을 이루라는 소리가 아니야. 꾸기라도 해보란 말이야."

이는 극중 사십대 강마에(김명민 분)가 이십대 장건우(장근석 분)를 찾아가서 등에 대고 몰아치듯 애정을 담아 쏟아내는 질책의 대사다.

이 장면은 잘난 386세대의 인생 선배가 꿈을 꾸다가 좌절하여 예전의 자리로 되돌아간 윔 세대 후배를 향해 '그러니까 찌질이란 소릴 듣는 거잖아' 라고 궁지에 모는 것처럼 보이기도 한다. 그러나 이 말은 틀린 소리가 아니다. 꿈을 다시 꾸게 하려는 염원을 가지고 던지는 제안이다. 나 역시 강마에의 마지막 대사처럼 "꿈을 꾸기라도 해보"라고 말하고 싶다. 꿈은 이루라는 있는 게 아니라 꾸라고 있는 것이라고 말이다.

그러니 기본소득에 대한 꿈, 생애 첫 자금에 대한 꿈, 농촌 공익근무를 하는 꿈을 꾸기라도 해서 '그것이 내 꿈'이라고 '그것이 우리 이십대 청년 세대의 정치적 주장'이라고 말을 하면 된다. 그러면 절반은 진도를 나간 것이다.

꿈을 당장 이루지는 못할 수 있지만 꿈을 꾼 시간만큼 꿈을 닮아가면서 인생도 그만큼씩 바뀌는 법이다. 지금부터 꿈을 꾸고 표현하고 주장하자. 그러면 그것이 불가능하다고 믿는 사람들도 계속 꿈꾸는 사람 앞에선 결국 그의 꿈을 같이 응원하게 된다. ***

먹고
살고
사랑하고

사회와 국가를 향해 정치적 주장을 할 줄 아는 것, 당장 이뤄지지 않더라도 그것이 실현되었을 때의 자기 모습을 꿈꿀 줄 아는 것. 그러면서 선배들과 또래들과 후배들을 사람 대 사람으로 제대로 만나면서 서로를 돕는 작은 일들을 꾸준하게 해보는 것. 그렇게 살다 보면 인생의 내공이 쌓인다. 이제부터는 인생의 내공, 즉 사람살이의 내공 이야기를 해보자.

인생을 한마디로 정의하라면, 나는 '인생은 먹고 살면서 사랑하는 일'이라고 말하겠다. 그러니 인생의 내공도 '먹고 살면서 사랑하는 일에 대한 내공'이다. 난해한 이야기가 아니다. 인생의 내공이 약해지는 것은 먹고 살고 사랑하는 일을 따로 분리해놓고 오직 돈 하나로 뒤죽박죽 연결해놓아서이다. 돈벌이에 의존하지 않으면 아무 것도 안 되는 양 굴면서 살아왔기 때문이다. 그런 편향된 생각, 습관, 체제를 돌아보고 소박하게라도 먹고 살고 사랑하는 일을 통합해서 살아가야 인생의 내공이 되살아난다.

먹는 일, 사는 일, 사랑하는 일

하나씩 살펴보자. 우선은 '먹고 살면서 사랑하는 일'을 편의상 나눠서 먹는 일, 사는 일, 사랑하는 일로 생각해보자. 먼저 먹는 일에 대해 이야기하기 전에 질문을 하나 하자. 우리는 살기 위해 먹는 것일까, 먹기 위해 사는 것일까. 둘 다 맞는 말이다. 생명체로서 우리는 음식을 먹어야 살 수 있다는 점에서 살기 위해 먹는 것이 맞다. 동시에 우리는 먹기 위해 산다. 먹는 일 자체가 인생의 중요한 목적이다. 이것을 무시하면 사람살이가 막장으로 치닫는다. 예컨대 '일하지 않는 자 먹지도 말라'는 소리는 한참이나 잘못된 생각이다. 일하지 않는 사람도 먹을 권리가 있다. 살기 위해서 먹어야 하고 먹는 것 자체가 인생의 목적이기에 먹어야 한다.

우리가 서로 인사를 할 때 '밥은 먹었니?'라고 묻는 이유도 여기에 있다. 이 인사는 끼니를 굶지 않았냐고 묻는 것이면서 동시에 밥을 먹는다는 인생의 목적을 까먹고 살지는 않았냐고 묻는 것과 같다. 사람살이를 두고 '배부른 돼지보다 차라리 배고픈 소크라테스가 되겠다'는 철학자 베이컨의 말을 인용할 때가 있지만 먹는 일 앞에서 이 말도 조심해서 사용해야 한다. 모두가 바라기는 배부른 소크라테스가 되는 것이고, 모두가 한사코 피하기는 배고픈 돼지가 되는 것이다. 자발적으로 배고픈 소크라테스를 선택할 수도 있지만 그렇다고 배부른 돼지를 나무랄 까닭은 전혀 없다. 물론 비유이지만 그만큼 먹는 일 자체는 인생에서 아주 중요한 일이다. '끼니를 챙긴다'는 표현이 그래서 나왔다고 생각한다. 끼니를 챙기는 행위가 인생인 것이다.

다음은 사는 일이다. 사는 일이란 생물학적 생존을 넘어 인생에 대해 '왜 무엇을 어떻게' 같은 질문을 던지고 그것에 응답하는 동안에만 유지되는 사회적 살아있음을 뜻한다. 왜 사는지, 무엇을 하며 사는지, 어떻게 사는지 하는 생각 없이 하루하루 보내는 것은 '생존'일 뿐이다. 전쟁, 기아, 식물인간 같은 극한 상황에 처하면 오직 생존이 목적이 되기도 하지만 우리가 서로에게 '안녕?' 하고 묻는 것은 '너 오늘도 생존했구나'라고 확인하기 위해서가 아니다. 그간 탈 없이 잘 지냈는지 어떤 생각을 하고 사는지 이야기를 해보자고 대화의 물꼬를 트기 위해서이다.

이것이 사람을 제대로 만나는 경험의 시작이자 사회적으로 살아있는 상태라는 의미에서 사는 일이다. 공부하고 시험성적 올리고 명문대 들어가고 번듯한 직장에 취직하는 것이 전부 그때그때의 경쟁에서 패배자가 되지 않고 생존하기 위해서 하는 것이 되어 버리면 그것은 사는 일이 아니다. 사는 일은 없어지고 단지 하루하루의 패배를 모면하기 위해 살아남을 뿐이다. 가끔 어른들이 '죽지 못해 산다'는 역설적 표현을 통해 사는 일의 고단함이나 비루함을 토로하곤 하는데 배경만 좀 달라졌을 뿐 요즘 이십대와 십대들 역시 날마다 경쟁의 레이스에서 '죽지 않으려고 산다'고 할 수 있다.

끝으로 사랑하는 일이다. 사랑의 대상, 방식, 목적, 의미, 냄새, 무늬를 헤아리려 들면 무수히 다양할 것이다. 그래서 사랑을 정의하려는 시도만큼 무모한 일이 없다는 충고도 일리가 있다. 그러나 이렇게는 말할 수 있겠다. 사랑하는 일은 사랑 그 자체 외에는 목적이 없다는 것이다. 아기를 돌보는 산모에게 사랑하는 일은 단지 아이가 잘 먹고 잘 싸고 잘 자고 잘 크게 하는 것이다. 작업에 몰두하는 장인에게 사랑하는 일은 단지 작품을 더욱 아름답고 빈틈없이 완성하는 것이다. 아기가 자라 효도를 하고 작품이 비싼 값에 팔려 부를 가져다줄 수도 있겠으나 분명한 사실은 엄마와 장인의 사랑하는 일이 그것을 바라고 하는 행위가 아니라는 점이다.

사랑하는 일은 사랑 그 자체가 목적일 뿐이다. 그러나 사랑하는 일을 계속 하다보면 한 가지 중요한 사건이 일어난다. 그것은 사랑하는 주체(나)가 변화한다는 점이다. 영화 〈봄날을 간다〉(2001, 허진호) 때문에 널리 회자된 대사 "사랑이 어떻게 변하니?"를 빗대어 설명하면 사람이 변하기 때문에 사랑도 변하는 것이라고 해야 옳겠다. 사랑이 변치 않기를 바란다면 두 사람이 손을 잡고 절정의 순간에 죽어야 한다. 죽지 않고 사랑하는 일을 계속 하려면 사랑하는 일 자체가 변화해야 한다. 변화하는 너를 사랑하는 일, 그것을 계속 하고 싶고 또 하다 보니까 결국 나 자신을 변화시키게 되는 것이다. 이것이 사랑하는 일의 전모이자 핵심이다.

지금까지 먹는 일, 사는 일, 사랑하는 일에 모두 '~일' 이라고 굳이 붙인 이유가 있다. 1부에서 인용했던 조안 B. 시울라의 《일의 발견》에서 또 인용하자.

"일(work)은 너무나 다양한 것을 의미한다. 우리는 일을 '하고' 일터(work)로 '간다' 일은 우리가 '가지고 있는' 것, '소유하는' 것이며, 우리가 '만들어내는' 것이다. 미술·건축·음악·문학 작품(work)도 있다. 우리는 의사, 회계사, 자동차 수리공이나 카펫 판매원의 솜씨(work)에 감탄할 수도 있다. 우리는 어떤 공간이나 나뭇조각, 빵 반죽, 고장난 자물쇠 등을 가지고도 일할 수 있다. 우리는 어떤 것의 해법을 내거나(work it out) 운동을 하거나(work out) 좋은 일을 하거나(do good works) 누군가를 때려주거나(work someone over) 흥분하거나(get worked up) 자칫하면 심지어 일벌레(workaholics)까지 될 수 있다."

일이란 말은 좁은 의미의 직업을 가리키는 것이 아니라, '일하지 않는 자 먹지도 말라' 거나 '놀지 말고 일해라' 거나 '사랑을 버리고 일을 택했다'고 할 때처럼 먹고 살고 사랑하는 인생의 모든 행위를 가리키는 개념이다. 여기에서 오직 돈을 버는 행위만 따로 떼어내 '일'이라 부르고, 먹는 일이나 사랑하는 일은 대수롭지 않게 취급하거나 당장 돈벌이가 안 되는 놀이나 학습을 무가치하게 여기다보면 인생의 내공이 뚝뚝 떨어지면서 공허해진다.

근심없는 즐거움으로

"태국어에서는 '일'을 뜻하는 단어와 '파티'를 뜻하는 단어가 같은 어원을 갖고 있다. 영어 사용자들은 어떤 목적을 갖고 모인 사람들의 집단에 대해 이야기할 때 '파티'라는 단어를 사용한다. 그러나 작업 파티(work parties)와 수색대(search parties)와 정당(political parties)은 생일 파티와는 전혀 다른 의미를 갖는다. 서구와 달리 태국 사람들은 일이 진지해야 한다고 생각지 않으며 '일 자체는 좋은 것'이라는 견해를 갖고 있지도 않다. 그렇다고 해도 태국인들은 결코 게으르지 않다. 그들의 문화는 '재미'를 뜻하는 '사눅sanuk'에 큰 가치를 둔다. 모든 활동은 '사눅(재미있는)'과 '마이 사눅mai sanuk (재미없는)'으로 구분된다. 사눅은 자연스럽게 우러나오는, 근심없는 즐거움을 뜻한다. 일이건 놀이이건 상관없이 어떤 활동을 할 만한 가치가 있는 것으로 만들어주는 속성이 바로 '사눅'이다. …… 일과 놀이에 대한 태국인들의 태도는 같다. 즉 작업 파티는 생일 파티와 크게 다르지 않은 것이다."

《일의 발견》에서 소개하는 사눅의 상태야말로 우리 모두가 바라는 행복한 인생이지 않을까. 먹고 살면서 사랑하는 인생의 즐거움 말이다. 노리단에 모인 이십대와 십대들은 그런 인생을 추구하기 때문에 일과 놀이와 학습을 병행하면서 그것을 하나로 통합하는 방식을 찾기 위해 노력하는 것이다. 피프틴 레스토랑과 오가니제이션 요리는 먹는 일의 중요성을 함께 경험하면서 먹고 살고 사랑하는 일을 담아내는 요리가 무엇인지 찾아나가는 것이다. 트래블러스 맵과 쇠이유는 어른과 청소년이 함께 자연과 마을 곳곳을 도보 여행하면서 먹고 살며 사랑하는 일이 무엇인지 몸과 마음으로 새롭게 터득하고 있는 것이다. 이 모든 사례는 태국어의 사눅이 뜻하는 "어떤 활동을 할 만한 가치가 있는 것으로 만들어주는 속성"이 무엇인지 잘 보여준다.

사람과 사람이 제대로 만나서 서로 사눅을 불러낼 수 있어야 인생 내공을 기를 수 있다. 스승과 제자로 만나든 동료로 만나든 인생 내공은 혼자 기를 수 없는 것이다. 먹고 살면서 사랑하는 일이 인생이라고 했는데 이는 나 혼자 하는 단독 행위가 아니라 너라는 사람을 만나야 성립되는 관계의 작용이다. 즉 인생이란 너와 내가 더불어 먹고 살면서 사랑하는 일이며, 인생 내공이란 그 일을 잘 되게 하기 위해 너와 내가 협력할 줄 아는 태도이다. 앞에서는 파트너십이라는 표현을 써서 설명하기도 했지만 우리는 사실 협력의 마술 같은 힘에 대해서 모르는 것이 너무 많다.

보통 협력을 이야기하면 경쟁과 협력 중 무엇이 더 인간의 본성인가 하는 논쟁이 따라온다. '이기적인 유전자'와 '협력하는 유전자' 중 무엇이 더 인간의 근본적인 바탕인가에 대해 생물학, 심리학, 사회학 등의 쟁쟁한 전문가들이 저마다 서로 다른 주장을 펼치고 있다. 나는 협력과 경쟁이 모두 사람의 성장과 사회의 발전에 기여할 수 있다고 생각하는 편이다. 문제는 협력이든 경쟁이든 사람살이에 기여하는 요소보다 억압하거나 왜곡하는 요소가 압도적일 때이다. 도전정신을 자극하는 즐겁고 창의적인 토양에서 촉발되는 경쟁이 아니라 공포심과 두려움에 의해 모두를 토끼몰이 하듯 몰아붙이고 획일화시키는 경쟁 만능주의는 사회와 경제를 황폐화시킬 뿐이다.

협력도 마찬가지다. 이를테면 협력을 강자가 약자를 돕거나 가진 자가 부족한 자를 돕는 일방의 도움으로 보는 시각은 협력의 상호성을 간과하고 있다. 차이를 줄이거나 없애서 완전히 평등해지는 상태로 협력을 여기는 태도 역시 평준하향화의 문제를 일으킨다. 협력은 서로의 차이가 무엇인지 자세히 알수록, 그 차이들을 조합해 새로운 대안을 만드는 감각을 키울수록 한층 풍부해지는 창의적 관계의 경험이다.

창의성을 구현한 대표적인 사례로 잘 알려진 세계 최대의 공연기업 태양의 서커스^{Cirque De Soleil}의 협력적 작업 방식을 참고하자. 3,000여 명에 이르는 거대한 규모의 구성원들이 개인적 경쟁이 아니라 창의적인 협력의 문화를 통해 상호 친밀감과 성취감을 어떻게 배가시키고 있는지, 태양의 서커스에서 겪은 놀라운 체험담을 담은 린 휴어드와 존 U. 베이콘의 책 《스파크》(2007, 랜덤하우스코리아)에서 인용해본다. 책에는 그토록 독창적인 공연을 어떻게 만들어낼 수 있었는지 비결을 묻는 질문에 태양의 서커스 코칭 스태프가 들려주는 대답이 실려 있다.

"거의 모든 것에 대해서 논쟁할 수 있었어. 어떤 의상을 쓸 것인지, 어떤 선수들을 고용할 것인지, 오른쪽으로 돌아야 하는지 왼쪽으로 돌아야 하는지, 집중 조명인지 투광 조명인지 등등. 하지만 중요한 건 이거야. 우리는 모든 것에 대해서 이야기한다는 것. 처음 나온 아이디어가 절대 끝이 아니라는 거야. 아이디어가 진화하고 다른 사람들 것과 섞여서 더 독창적이고 더 창조적인 것이 되지. 그래서 일이 완료되고 나면 그 아이디어는 누구 것이라고 말하기 힘든 상태가 되어 있는 거야. 더 이상 그게 중요하지 않게 된 거지."

이들의 활동 어디에도 등수를 매겨서 한 줄로 세우는 방식은 없다. 모두가 경쟁자가 되어 매순간 승자냐 패자냐를 가리는 문화도 없다. 처음 아이디어를 누가 냈든 언제나 "다른 사람들 것과 섞여" 맨 처음의 것보다 더 좋은 것이 만들어져서 "누구 것"이라고 말하는 게 의미가 없다. 이들은 협력의 마술 같은 비밀을 잘 알고 있는 것이다. 또 다른 단원의 이야기를 들어보자.

"우리가 더 잘 어울릴수록 우리의 아이디어와 감정이 더 잘 살아나고 표현되는 거죠. 고립된 상태에선 창조적일 수가 없어요. 진정한 창의성에는 협력이 필요하니까요. 설사 대립하며 격론이 벌어진다 해도요."

나만 뒤쳐지면 어쩌나 하는 불안감도 아니고 너를 꼭 이겨야 하겠다는 승부욕도 아니라, 서로 대립적 의견을 갖고 있더라도 "더 잘 어울릴수록" 무엇이든 더 나아진다고 하는 감성과 태도를 협력의 진정한 핵심으로 꼽고 있다.

"새로운 방식으로 사람들과 연결되는 법을 배워야 합니다. 연결이라는 것, 그것이 우리 공연이 추구하고자 하는 겁니다. 우리는 그것을 할 줄 아는 사람과 모르는 사람을 구분해 내야 하는 거죠."

다른 사람과 연결하는 것에 대해 태양의 서커스가 단원들에게 강조하고 있는 방법은 다음 세 가지다. 위험을 감수하는 용기, 새로운 시도, 경험을 다른 이들과 나누려는 의지. 이것이 협력할 줄 아는 사람의 감성과 태도이다. ***

너를
키운다

자기 앞가림도 하기 힘든 세상에서 내가 먼저 커보겠다고 아등바등 해도 될까말까 싶은데 '너를 키운다' 고 말하면 마더 테레사의 주문이 아닌 다음에야 누가 그렇게 살려고 하겠느냐고 할 것이다. 그렇다면 그 비슷한 이야기를 기업가의 목소리로 들어보면 어떨까.

《얼라이언스─나보다 남을 키워라》(2009, 브레인스토어)를 쓴 히라노 아쓰시 칼의 이야기다. 그는 은행에서 직장 생활을 시작했다가 문외한이던 IT 분야로 옮겨 '전자지갑 휴대전화'를 개발해 성공했고 그 뒤 자신의 회사를 차려 수많은 제휴를 성사시키며 비즈니스 세계에서 승승장구한 인물이다. 그에 의하면 비즈니스 성공의 키워드는 나에게 있는 것이 아니라 남에게 있고, 그렇기 때문에 남에게 도움을 받을 줄 아는 사람이 되는 것이 성공하는 길이라는 것이다.

저자는 처음부터 끝까지 독자들에게 일관된 메시지를 전한다. 혼자 고민하고 혼자 시도하다 좌절하지 말고 자신이 그랬듯 처음부터 다른 이의 도움을 받아서 꿈을 이루라고 말이다. 간단히 말하면 이렇다. 아이디어는 한 사람의 머리에서 번뜩일 수 있다. 하지만 그 아이디어가 실현되어 세상에 끼치는 영향력이 크기를 바랄수록 혼자서 할 수 있는 것은 점점 더 없어진다. 따라서 처음부터 남의 도움을 잘 받을 줄 아는 사람이 되는 것 말고는 성공의 길이 없다는 것이다. 이점에서 "지금까지 여러분은 유능한 사람이 되고 싶다든가 내 소망을 이루고 싶다, 성공하고 싶다고 생각하며 자신에게 없는 능력을 열심히 갈고 닦아왔을지도 모른다"는 그의 충고는 따끔한 정도가 아니라 서늘하다. 왜냐면 스펙에 매달리는 이십대나 대입에 내몰리는 십대는 지금도 "능력을 열심히 갈고닦"으면 될 것이라는 어른들의 주문에 맞춰 모두가 똑같은 공부를 하고 또 하고 있기 때문이다. 저가가 보기에 그렇게 하는 것은 헛똑똑이 짓이다.

"여러분은 그저 '남들의 도움을 받을 수 있는 사람'이 되기만 하면 그만이다. 그러면 여러분이 하지 못하는 일은 모두 여러분을 도와주고 싶어 하는 누군가가 해결해줄 것이다."

이 말은 아무 노력도 하지 않고 남의 도움에만 의존하라는 것이 아니다. 나를 "도와주고 싶어 하는 누군가"를 잘 찾아내라는 이야기다. 그것이 더 잘 되는 방법이라는 뜻이다.

나보다 남을 키워라

그럼 그런 사람을 어떻게 찾을 수 있을까. 책이 제시하는 해법은 간단하다. 하고 싶은 것이 있다면 그것을 혼자 힘으로 할 수 없음을 자각하고 나보다 더 잘 하는 사람을 찾아가서 그 사람이 먼저 잘 되도록 도우면 된다. 책의 부제도 이런 표현이 떡하니 들어있지 않은가. '나보다 남을 키워라'

이런 정신을 내면화하고 살아가는 저자는 평소에 이메일을 정리할 때에도 '무엇에 관한 정보'와 같이 내용을 중심으로 분류하지 않는다고 한다. 그보다는 '누구에게 온 정보'나 '누가 취급하는 정보'와 같이 사람을 기준으로 분류한다. 이처럼 히라노 아쓰시 칼은 자신과 연결되었던 타인들, 즉 철저하게 남의 동향에 관심의 초점을 맞추고 있다. 그렇게 해야 그 사람에 대해 이해할 수 있다는 것이다. 남을 대할 때에는 겸허함과 솔직함 그리고 감사하는 마음을 견지해야 상대에 대해서 제대로 알 수 있다고 강조한다. 그런 자세를 갖고 사람을 만나야 남을 키울 수 있고 그 결과 나도 잘 된다는 것이 그가 제안하는 성공론이다.

"자신을 채찍질하며 혼자서 고군분투하기보다는 적극적으로 다른 사람에게 도움을 청하는 사람이 되는 편이 여러분도 주변 사람들도 행복해지는 길"이라는 말하는 저자가 가장 경고하는 유형의 사람은 이렇다. "주위 사람들이 다가오지 못하게 벽을" 치고 사는 사람. 나만 뒤처지면 어쩌나 하는 불안감에 사로잡혀 경쟁의 쳇바퀴를 돌리며 늘 혼자서 '난 할 수 있다'고 자기계발의 주문을 외느라 타인과 관계를 맺을 시간적 여유도 마음의 공간도 없는 사람을 뜻한다. 그런 사람이 되지 말고 "자신이 가진 최고의 것을 상대방에게 제공"하여 남을 먼저 키우라는 저자의 노하우가 무한경쟁의 비즈니스 경험 속에서 나온다니 새삼스럽고 재미있다.

1+?+1

너를 키운다는 메시지를 좀 다른 시각에서 들어보자. "불안과 고민의 시대, 일본 100만 독자를 일으켜 세운 책"이라는 홍보문구가 눈에 띄는 책, 도쿄대학교 강상중 교수가 쓴 《고민하는 힘》(2009, 사계절)이다.

이 책에서 그는 "나는 '사람은 왜 일을 해야 하는가'라는 물음에 대한 대답으로 '타자로부터의 배려' 그리고 '타자에 대한 배려'를 말하겠습니다. 그것이 없다면 일하는 의미가 있을 수 없습니다. 그 일이 그 사람에게 보람이 있는지 없는지 그의 꿈을 실현시켜 줄지 그렇지 않을지는 다음 단계의 이야기입니다"라고 말한다. 사람은 무엇을 하느냐에 앞서 타인을 만나 서로를 인정하고 배려하는 관계를 누리기 위해 일을 한다는 것이 저자의 생각이다.

나아가 "타자를 인정하는 것은 나를 굽히는 일이 아닙니다. 내가 상대를 인정하고 나도 상대에게 인정을 받는 것"인데 "그런 경험이 쌓여서 현재의 내가 있는 것"이라고 말한다. 한 마디로 나는 너를 인정하고 또 나는 너에게 인정받으면서 비로소 나의 사회적 존재감이 만들어진다는 뜻이다.

히라노 아쓰시 칼의 성공 노하우나 김상중 교수의 자신의 인생 철학은 서로 통한다. 타인과 적극적으로 관계를 모색하고 만들라는 것, 너와 내가 서로를 살리는 길만이 사업을 해도 성공하는 길이자 사람살이의 본뜻에도 잘 맞는다는 점에서 말이다.

사회적 기업가 정신이 십대와 이십대에게 중요한 개념으로 부상하고 있는 이유도 같은 맥락에 있다. 사회적 기업을 한 마디로 표현하면 '사회를 살리는 기업'이다. '사회를 살리는' 이유는 너와 나의 관계가 협력이라는 창의적 바탕과 동떨어져서 오직 경쟁 유일주의로 치달아 '경제'가 발 딛고 있어야 할 '사회'가 파탄이 날 지경에 이르렀기 때문이다. 그럼 사회를 살리기 위해 무엇을 해야 할까. 바로 서로를 키우는 관계들을 만들고 확산하면서 '사회를 살리는' 기업가적 창의를 발휘하는 것이다.

책 곳곳에서 창의성을 참 많이도 강조했는데, 한 마디로 정의하면 창의성은 너와 나의 관계를 독창적으로 새롭게 만드는 능력이다. 국내외 학자들이 창의성을 증진하기 위해 다양한 교육 프로그램을 만들 때 언제나 창의적 관계 맺기^{Creative Partnership}에서 출발하는 것도 같은 이치다. 창의성 교육은 너와 내가 관계를 통해 더 나은 존재가 될 수 있게 촉진하는 감성과 태도를 기르는 데 목적이 있다. 이는 너(1)와 내(1)가 그냥 만나는 것(1+1)이 아니라 너와 나 사이에 '숨겨져 있는 관계^{Hidden Connection}'를 찾아 만나는 것(1+?+1)이다. 숨겨져 있는 관계는 우리가 의식적으로 주의를 기울여 찾지 않으면 발견할 수 없다.

숨겨져 있는 관계를 찾아내서 만나는 창의적 관계란 이를테면 이런 것이다. 너는 백이고 나는 흑이라면 우리 둘이 만나 숨겨진 관계를 찾아내면 다양한 빛깔의 회색이 나오게 된다. 이렇게 하면 우리는 백과 흑을 양자택일하지 않아도 되고 백, 회색, 흑을 모두 누릴 수 있게 된다. 우리 속담에도 같은 말이 있다. 나누면 배가 된다는 말. 너와 나 둘 중에서 누가 갖느냐 누가 이기느냐로 적대적 경쟁을 하다보면 백, 흑, 회색을 모두 누리는 길은 사라지고 오직 하나만 남는다. 하지만 너에게서 백을 좀 떼어내고 나에게서 흑도 좀 떼어내서 만나면 폭넓은 스펙트럼의 회색이라고 하는 숨겨져 있는 관계가 등장한다.

창의성의 핵심은 이거냐 저거냐가 아니라, 이것이기도 하고 저것이기도 한 풍부한 가능성의 관계망을 만드는 데에 있다. 이것이 너와 내가 서로를 살린다고 말할 때의 창의적 관계다.

그대가 있어 내가 있다

"분리되고 고립되며 연결되어 있지 않은 '나'라는 존재는 없다. 우리가 사물을 분리된 것으로 보면 그것들은 분리되어 나타나고, 연관되어 있는 것으로 보면 연관된 것으로 나타난다. …… 삶의 기초가 되는 관계를 안다는 것은 전체를 아는 것이다. …… 우리가 깊이 들여다 볼수록 관계들은 복잡하고 창조적으로 얽혀 있으며 겉으로는 혼동된 그물로 이루어져 있다는 것을 발견한다."

자이나교 승려이자 평화운동가이자 생태교육자인 사티쉬 쿠마르의 책 《그대가 있어 내가 있다》(2004, 달팽이)에서 인용한 것이다. 우리 사회에도 예전에는 어느 한 사람도 "분리되고 고립되"어 연결이 끊어진 채로 방치하지 않고 모두를 살려내는 관계의 지혜가 많이 있었다. 그러나 안타깝게도 지금은 거의 다 파괴되어 온전히 남아 있는 유산이 그렇게 많지 않다.

알다시피 가장 먼저 마을이 파괴되었다. 창의적 관계의 보고라 할 수 있는 마을이 살아 있을 때는 사람들이 서로를 살리는 다양성의 아름다움을 체득하며 살 수 있었다. 서로를 살리는 '관계의 생태계'라 할 수 있는 마을이 무너진 다음에는 국가가 복지 제도의 일환으로 사회적 관계로부터 소외된 사람들을 일부 보살폈다. 하지만 비제도권의 영역이라 할 수 있는 숨겨져 있는 관계의 창의성 관점에서 보면 복지 제도란 아무리 잘 만든 것이라 해도 곳

곳이 비어 있거나 오작동하기 쉽다. 무엇보다 선거 결과에 따라 좌지우지되는 변수를 갖고 있다. 그래서 시민단체나 지역의 풀뿌리 조직들은 힘을 모아서 마을이 사라진 시대에 새로운 마을을 기획하는 시도를 하기도 한다. 그러나 이제 막 기초를 닦고 있는 초기 단계에 가깝다.

이처럼 마을이 파괴되고, 국가는 오락가락하고, 시민사회는 아직 튼튼한 체력을 만들지 못한 가운데 마지막까지 서로를 살리는 관계의 공간으로 버텨준 것은 가족이다. 그러나 덩그러니 홀로 남아버린 가족이란 공간은 고용, 교육, 주거, 노후의 4대 불안을 모두 떠안은 문제적 공간이 되고 말았다. 가족은 모든 일을 도맡아 하는 것처럼 보이지만 실은 관계라는 측면에서 텅 비어 있다. 이러한 환경에서 너와 나는 텅 빈 가족 속의 한 점이 되어 서로 만날 일이 없이 각자 알아서 지내는 존재가 된다. 사티쉬 쿠마르가 말한 "삶의 기초가 되는 관계"로부터 분리되고 고립되어 그저 세상을 떠다닐 뿐이다. 너와 내가 만나기만 하면 되는데, 그럼 너와 내가 서로를 살리기 시작하는데 말이다. 우여곡절 끝에 그 만남과 관계를 시작한 이야기를 만나보자. 영화 〈김씨 표류기〉(2009, 이해준)의 두 김씨다.

샐러리맨 남자 김씨는 채무에 쫓겨 한강에서 투신자살을 시도했으나 죽지 않고 밤섬에 떠밀려와 혼자 남겨진다. 한강변 고층 아파트의 방에 틀어박혀 사는 은둔형 외톨이 여자 김씨는 망원경을 통해 그를 본다. 남자 김씨는 밤섬 모래사장에 헬프HELP라고 큼지막한 대문자로 써놓는다. 여자 김씨는 늦은 밤 몰래 집을 나와서 밤섬을 향해 빈 병을 던진다. 며칠 뒤 남자 김씨는 빈 병을 찾게 되고 그 안에 담긴 종이를 발견한다. 거기에는 헬로우HELLO라고 써 있다. 남자 김씨도 모래사장에 헬로우라고 써서 화답한다. 이 변화는 헬프에서 마지막 알파벳 P를 LO로 바꾼 것에 불과하지만 헬로우가 헬로우를 불러내는 중요한 장면이다. 여자 김씨는 아파트 방의 망원경으로 헬로우라는 큼지막한 글자를 보고 웃는다. 남자 김씨는 어디에 있는지도 모르는 여자 김씨를 향해 손을 흔든다. 그리고 둘은 만난다.

영화의 디테일을 다 빼고 이렇게 듬성듬성 몇몇 장면들만 붙여놓은 이유가 있다. 실은 이렇게 단순한 것이기 때문이다. 먼저 도와달라고 말하는 것. 서로 도와달라고 말하는 것. 그때부터 서로에게 잘 지내느냐고 안부를 묻는 관계가 시작된다. 이것이 창의적 관계의 출발이다. 사티쉬 쿠마르의 책 제목처럼 "그대가 있어 내가 있다"는 느낌이 가슴 속에서 촛불처럼 일어나면 되는 것이다. 영어로 하면 You are therefore I am이고, 힌두어로 하면 에르티스, 에르고 숨 Estis, ergo sum이다. 옮기면 '네가 거기에 살아 있어 내가 여기에 살아 있다' 쯤 된다. 이점에서 '너를 키운다'는 발상의 깊은 뜻은 '너의 도움을 받을 줄 아는 사람이 된다'에 있다.

그렇게 너를 만나서 서로를 살리고자 하는 선배와 동료들이 우리 주변에 많다. 그런 관계를 장려하는 작은 모임과 공동체와 사회적 기업들이 곳곳에 있다. 십대 때부터 찾아가보기 바란다. '난 너를 키운다'고 말하는 감성과 태도를 갖고 즐겁고 창의적으로 살아가는 경험자들이 거기에 있다. 이십대를 다 보내기 전에 그런 사람들과 대화를 나눠보기 바란다. 도와달라는 말을 건네는 것을 시작으로 관계를 트면서 그 관계 속으로 한 발 두 발 내딛어 보면서 말이다. 남의 눈치를 보면서 앞가림하느라 스펙하고 맥잡하며 팍팍하게 하루하루를 보내지 말고 그런 사람들과 먹고 살고 사랑하는 일에 대해서 일상의 작은 경험을 하나둘씩 쌓아가 보기 바란다. 그럼 인생이 다르게 보인다. 의외로 참 쉽다. ✳✳✳

난 삽질한다

우리 사회의 십대들이 직면한 문제와 가능성은 무엇이며 그 창의적 해법은 무엇인지를 모색하기 위해 이런저런 사례를 들고 이 십대 문제도 살피고 여러 책에서 이야기들도 빌려왔다. 돌아보면 그렇게 내키는 대로 왔다 갔다 하면서 쓴 본문의 내용 각각에 과연 어떤 정답이 들어있나 하는 생각도 든다.

그러나 독자들과 나누는 이 이야기의 목적은 으레 정답이 있을 것이라고 생각하는 우리들의 사고방식에 마침표를 찍고 창의성을 촉진하는 데에 있다. 혼란과 변화의 시기에 우리가 가장 우선해서 할 일은 저마다 자신의 응답을 표현하고 시도하도록 서로를 자극하는 것이라고 생각한다. 다양한 응답들이 나와야 창의성의 생태계가 만들어질 수 있기 때문이다. 자기 혼자 갑자기 창의적인 인재가 되는 게 아니라 그 생태계 속에서 나와 다른 응답들을 만나보면서 창의적 관계를 만드는 것이다.

나는 머리말에서 창의적으로 생각하고 행동할 줄 아는 사람이 되기 위해 '놀아야 산다'고 했다. 어떻게 해서든 십대들이 놀지 못하게 하려고 감시하고 유혹하는 우리 사회에서 어떻게 해서든 십대들이 함께 놀며 사람답게 살게 하려면 어떻게 해야 좋은지 하는 것이 본문의 이야기들이었다. 이제 결론도 말해야 할 차례다.

'놀아야 산다'로 시작한 이 이야기의 결론은 '삽질해야 큰다'이다. 우리는 보통 삽질이라는 말을 '열심히 해봐야 별 소득이 없거나 쓸데없이 힘을 뺀다'는 뜻으로 사용한다. 누가 이런 삽질을 하고 싶겠는가. 아무도 삽질을 안 하려고 하는 것이 지금의 세태다.

손해날 일은 한사코 안 하겠다는, 아니 그보다는 당장 이득이 생기는 일이 아니라면 절대 하지 않겠다는 앞가림의 처신이 지배하는 사회 분위기 속에서 삽질은 바보나 하는 짓이 되어버렸다. 그러나 잘 생각해보자. 무슨 일을 하든 그것이 잘 되기 위해서는 반드시 누군가 삽질을 하는 사람이 있기 마련이다. 바보만이 삽질을 한다면 바보가 있어야 하는 것이다. 왜냐하면 삽질을 해야 시행착오의 경험이 생기고 그 경험을 통해서만 일을 성공시킬 수 있는 결정적 단서를 찾을 수 있기 때문이다. 일이란 계획을 잘 세웠다고 되는 것이 아니다. 알짜배기 정보를 모았다고 되는 것도 아니다. 삽질을 해봐야 실행에 맞춤한 정보가 구별되고 실행 가능한 계획이 만들어진다.

한 마디로 삽질은 액션 리서치$^{Action Research}$이다. 삽질을 해본 사람이 액션 플랜$^{Action Plan}$도 제대로 세우는 법이다. 문제는 왜 삽질을 하지 않는가 하는 점이다. '대단한 사람이 되려는 사람'은 삽질을 하지 않을 것이다. 반대로 '대단한 일을 하고 싶은 사람'이 삽질을 할 것이다. 남들은 그것이 정말 되겠느냐고 지금 당장 무슨 실익이 생기느냐고 미루는 그 '대단한 일'을 사랑하는 사람 말이다. 삽질이란 사랑에 빠진 사람이 보여주는 사고방식과 행동방식의 특성을 고스란히 닮았다. 사랑에 빠진 사람이 취하는 모습은 남들이 보기엔 유치하고 미련해 보이는 짓거리들인데도 하고 또 하는 것이다. 이유는 달리 없다. 사랑하는 일의 유일한 목적은 사랑하는 것 자체이기에 남들이 어찌 보느냐와 상관없이 계속한다. 이야말로 삽질이다.

사랑에 빠진 사람이 보여주는 삽질의 사고방식과 행동방식에 대해서는 존 엘킹턴과 파밀라 하티건의 공저 《세상을 바꾼 비이성적인 사람들의 힘》(2008, 에이지21)을 인용하자.

저자들은 사회적 기업가들을 분석하면서 그들이 "분노와 열정을 쓸모 있는 일로 바꾸는 방법"이 무엇인지 찾는다. 사람들이 불확실한 미래를 관망하고 있는 동안 사회적 기업가들은 "미래를 예측하는 가장 좋은 방법은 미래를 창조하는 것"이라고 믿고 삽질을 시작한다는 것이다. 이처럼 "미래를 창조"하는 삽질을 통해 사회적 기업가들이 어떤 종류의 혁신자가 되는지 설명하기 위해 저자들은 경제학자 데이비드 갈렌슨의 '창조성에 관한 통일장 이론Unified field theory of craetivity' 에 등장하는 혁신자의 두 가지 유형을 눈여겨보고 있다.

"먼저 '개념적 혁신자Conceptual Innovator' 는 혁명론자이며, 과거의 결별하고, 확신이라는 축복을 받았으며, 자신이 바라는 것이 무엇인지 잘 알고, 어릴 적부터 재능이 꽃피는 경우가 많은데, 회화에서 피카소, 음악에서 모차르트, 영화에서 오손 웰스가 이에 속한다. 이와 대조적으로 '실험적 혁신자Experimental Innovator' 에는 회화에서 세잔, 음악에서 베토벤, 영화에서 알프레드 히치콕이 속한다. 이들은 멈추었다가 다시 가기 시작하는 경향이 있는데, 완벽한 기술을 습득하려고 쉼 없이 노력하며, 아직 완전히 이해하지 못하는 목표일지라도 이를 향해 천천히 나아가고, 그 결과 작품마다 그 작업이 언제 완성될지 알 수가 없다. 흥미롭게도 위대한 기업가인 에디슨과 포드 같은 수많은 실험적 혁신자의 수명이 길다. 완숙한 노년이 되어서도 일손을 놓지 않았다."

데이비드 갈렌슨은 천재 예술가들의 두 가지 유형 분석을 통해 창의성이 어떻게 발현되는지를 찾고 있는데, 이를 삽질의 두 가지 특성으로 이해해도 좋겠다. 개념적 혁신자는 생각의 삽질을 하는 셈이고 실험적 혁신자는 행동의 삽질을 하는 셈이다. 생각의 삽질과 행동의 삽질 사이를 부지런히 왔다 갔다하면서 양자를 하나로 통합하는 것이 창의성이라고 할 수 있다. 저자들이 분석하길 "행동양식에 있어서는 대단히 실험적이고 동시에 사고방식에 있어서는 매우 개념적"이라는 사회적 기업가는 한마디로 삽질의 대가인 것이다. 그렇다면 사랑에 빠진 사람이 겪는 상황, 즉 삽질을 하면서 어떤 경험을 하게 되는 것일까. 사랑에 빠지면 소용돌이에 휘말리게 되고 연속적인 돌발 상황에 직면하게 된다.

먼저 소용돌이의 경험 안에서 벌어지는 일이다. 1. 내가 가진 모든 종류의 약점이 낱낱이 노출되는 낯 뜨거운 일이 벌어진다. 사랑에 빠지면 평소에 신경 쓰지 않았던 나의 외모, 성격, 취향, 말투, 경력 등 모든 것들이 다 결정적인 흠으로 보인다. 2. 그런데 그것 하나하나를 다 해결하려고 하는 것이 아니다. 그러면 소용돌이가 멈추고 폭삭 주저앉는다. 사랑에 빠져 눈덩이처럼 크게 보이기 시작한 자신의 온갖 결점을 일일이 다 바꾸려는 사람은 결국 자신에게 실망하고 좌절한다. 그럼 어떻게 해야 하나. 3. 소용돌이의 힘으로 그때그때 가장 중요한 것부터 해결하면서 올라가고 더 커지고 다시 올라가고 더 커지는 것이다. 나에게 수많은 문제점이 있다 하더라도 그 순간에 직관적으로 느끼는 가장 중요한 문제만 붙들고 그것에 몰입하면서 그 힘으로 소용돌이의 흐름을 계속 일으키는 것이다.

이렇게 소용돌이 속에서 흐름을 멈추지 않고 좌충우돌하며 계속 운동하는 방식을 통해서 사랑에 빠진 사람은 사랑을 성취할 수 있게끔 자신을 점점 더 개선시키고 변화시키는 것이다. 이 과정은 실패를 대하는 태도가 무엇인지에 따라 성공 여부가 결정되는 과정과 동일한 특성을 보여준다. 앞서 말했듯 일단 판을 벌이게 되면 실패는 필연적인데 실패를 피하고 싶은 마음에 끌리면 위험을 회피하고 도전을 기피하게 되고 결국 자신의 약점만 더 커져서 주저앉게 된다. 그러나 사랑에 홀딱 빠져서 소용돌이에 휘말린 사람은 불쑥불쑥 등장하는 돌발 상황에 직면해서 계속 실패를 하는데도 위험을 감수하고 거듭 도전에 응하며 상황 속으로 자신을 던진다. 이 과정에서 그는 자신도 몰랐던 잠재력을 알게 되고 그 때문에 사랑이든 사랑 대신에 다른 무엇이든 성취하게 되는 것이다.

사랑에 빠진 사람이 돌발 상황 앞에서 무슨 경험을 하게 되는지도 살펴보자. 1. 예기치 못한 돌발 상황에 놓이면 나를 나로서 지탱해왔던 질서가 교란 상태에 빠진다. 나의 기존 관점으로는 이 혼란을 이해할 수도 대처할 수도 없다. 2. 나에게서 어떤 방침도 도출할 수 없기 때문에 할 수 있는 유일한 일은 그냥 나를 돌발 상황 속에 던져놓고 지켜보는 것이다. 3. 그럼 실패가 나타난다. 아니 돌발 상황에 던져진 나의 모습이 실패로서 인식된다. 여전히 과거의 관점으로 바라보기 때문에 실패로 보이는 것이다. 그러나 실패가 거듭되면서 돌발 상황에 차차 적응하고 공감하기 시작하는 나를 보게 된다. 4. 이러한 적응과 공감이 쌓여서 나를 어디론가 새로운 인식의 세계로 데려간다. 거기에서 나는 돌발 상황을 전혀 다르게 인식하게 되고 나의 핵심문제를 재정의하게 된다. 그러면 돌발 상황을 돌파할 수 있다.

이것이 삽질이라는 경험의 내면에 펼쳐지는 풍경이다. 이것이 "분노와 열정을 쓸모 있는 일로 바꾸는 방법"이자 "미래를 예측하는 가장 좋은 방법"으로 "미래를 창조하는" 과정이다. 그렇게 삽질을 하다 보니 자기 자신을 혁신하고 창의적으로 바꾸게 되는 것이다. 그런 사람들이 세 명 정도 모이면 세상의 한구석 정도는 바꿀 지혜와 힘이 생긴다. 세상이 바뀌는 것은 그렇게 구석구석에서 조금씩 뭔가를 바꿔내고 있는 팀들이 서로 거미줄처럼 연결되면서 갑자기 일어난다. 역시 중요한 것은 연결되는 것인데 저마다 다른 영역에서 다른 주제를 붙들고 다른 언어와 다른 방식으로 삽질하는 사람들이 서로를 어떻게 알아볼 수 있을까. 삽질하는 사람을 식별하는 방법이 있다. 삽질을 하는 사람들에게서 나타나는 공통점 때문이다.

먼저 삽질하는 사람은 개폼을 사절하는 사람이다. 그는 '대단한 일을 하고 싶은 사람'이라서 동료들과 업적을 공유하고 조용히 일을 하기 때문에 폼 잡는 일에 신경 쓸 겨를이 없다. 반면 '대단한 사람이 되고 싶은 사람'은 무엇을 하든 사람들 눈에 잘 보여야 하고 주목 받아야 하기 때문에 폼을 잡는 것이 중요해진다. 폼을 잡는다는 말이 꼭 지위를 뜻하는 것만은 아니다. 그것이 외모든 지식이든 수완이든 경력이든 타인이 자신을 어떻게 바라보는지가 더 중요해지면 그것으로 개폼을 잡게 된다. 이런 사람은 길 바깥의 길로 나가지 못한다. 길 바깥으로 나가면 사람들의 눈에 띌 수가 없기 때문이다. '대단한 일을 하고 싶은 사람'이 선뜻 길 바깥으로 나가서 꾸준히 삽질을 한다.

다음으로 삽질하는 사람은 감사할 일이 많은 사람이다. 무모한 도전으로 여겨지는 삽질일수록 성공의 비결은 얼마나 더 많은 사람들의 도움을 받느냐에 달려있다. 제대로 삽질을 하는 사람이면 여기저기에서 도움을 구한다. 작은 아이디어 하나, 작은 정보 하나, 작은 손길 하나에 진심으로 감사하는 태도를 갖는다. 그러다보니 고마움을 늘 표현하게 되고 그럴수록 주변에서는 그를 더 돕게 된다. 그의 삽질이 무모해보일지라도 그를 돕는 것이 기분 좋기 때문에 더 돕는 것이다. 자기 혼자 잘나서 되는 것은 이 세상에 거의 없다. 세상의 모든 문제, 인생의 모든 문제는 완벽한 해결책을 수립한 다음에 풀리는 것이 아니라 해결의 기미가 전혀 보이지 않는 가운데에서도 관계라는 동기에 의해 도전하고 또 도전하는 과정을 통해 극복되는 법이다. 누가 그런 동기를 만들까. 도움을 구하고 받을 줄 알고 늘 감사하다고 표현하는 사람이다.

끝으로 삽질하는 사람은 변태를 하는 사람이다. 처음에 A라는 것을 하고 싶어서 시작했는데 삽질을 계속하다 보면 그것은 어느

새 A′가 되어 있고 B로 바뀌어 있으며 C라는 전혀 다른 것이 되어 있다. 삽질의 속성은 작은 기회도 놓치지 않고 이렇게도 해보고 저렇게도 해보는 데에 있다. A를 A로만 보는 게 아니라 A′로도 보고 B로도 봤다가 C로도 상상해보는 것이다. 그렇게 하다보면 문제를 자꾸 새롭게 재정의하게 되고 하려고 했던 것도 점차 모습을 바꾸면서 명료해진다. 이것은 변신을 말하는 게 아니다. 애벌레가 나비로 바뀌는 변태에 더 가깝다.

이런 모습이라면 그는 현재 삽질하고 있는 사람이 맞다. 자기 자신을 창의적으로 바꾸고 있는 사람이다. 무언가를 이루고 싶다면 성공한 사람의 경험담도 들어보고 좋은 책들도 읽어보고 여기저기 발품을 팔며 귀동냥을 하고 사람을 사귀는 것이 다 필요하다. 하지만 그러느라 정신을 다 팔고 청춘을 다 보내기 전에 무엇보다 자신이 '직접' 삽질해본 경험이 있어야 한다. 하고 싶은 일이 있을 때 할지 말지 성공할지 실패할지 망설이지 않고 곧바로 시작하는 것이 삽질이다. 삽질을 시작하고 집중하면 남의 시선으로 자기를 평가하는 일이 사라진다. 대신 자신의 가슴 속에서 잠자고 있던 작은 영웅이 깨어날 것이다.

삽질은 당장은 비효율적으로 느껴지고 이성적으로 규명하기 힘든 행동처럼 보이지만 우리 안의 작은 영웅은 그런 삽질을 통해서만 활동을 시작한다. 작은 영웅은 소용돌이를 일으키고 돌발 상황에 공감하면서 나의 몸과 마음을 바꾼다. 이 변화를 겪어보면 하고 싶은 것과 하기 싫은 것, 할 수 있는 것과 할 수 없는 것의 경계가 허물어지면서 기존의 관점으로는 알지 못하던 창조의 영역이 열린다. 그런 몸과 마음을 경험한 사람들이 개인의 울타리를 벗어나 서로 만나고 작은 공동체를 만들기 시작하면 그때부터 세상이 바뀐다. 새로운 인생의 방식을 실천하며 사는 모습이 주변 사람들의 가슴 속에서 잠자고 있던 작은 영웅들을 연달아 깨울 것이다.

우리 사회의 십대들 역시 자신의 가슴에 숨어있는 작은 영웅을 불러내기 바란다. 지금은 쓸모 없어 보이는 일이라도 원하는 것이 있다면 바라지만 말고 삽질부터 해보기 바란다. 나보다 먼저 삽질을 시작한 인생 선배와 또래와 후배들을 만나서 함께 말이다. 삽질하며 사는 사람의 생활신조에 어울리는 내용을 하나 소개하면서 이 글을 마무리하자.

마티유 리카르의 《행복을 위한 변명―행복하거나, 존재하지 않거나》(2005, 현대문학)에서 인용했다. 다음의 생활신조를 소리 내서 읽어보고 자신의 하루를 돌아보면서 씨익 웃고 있다면 당신은 오늘 삽질한 사람이 맞다. 당신은 자신에게 어울리는 맞춤형 인생을 만들고 있는 사람이다. 축하한다.

"우리는 '언제나' 좀 더 노력할 수 있고(염증 느끼고 체념하면서 나가떨어지는 대신), 다른 대안을 찾을 수 있고(좌절 속에서 맥없이 머무르는 대신), 손실을 줄일 수 있고(모든 것을 휩쓸려지는 대로 내

버려두는 대신), 파괴된 것을 다시 세울 수 있고(이제 끝장이라고 말하는 대신), 현재 상황을 새 출발점으로 삼을 수 있고(과거를 생각하며 눈물만 흘리거나 현재를 보고 탄식하는 대신), 제로에서 다시 출발할 수 있고(제로로 끝내는 대신), 최선이라 여겨지는 방향으로 노력을 집중시키는 것이 중요함을 깨달을 수 있고(우유부단과 운명론에 마비되어버리는 대신), 현재의 매순간을 마음의 평화를 키우고 누리는 데 활용할 수 있을 것이다(미래를 희의하거나 과거를 되새김질하며 시간을 허비하는 대신)." ***